# 沼で溺れてみたけれど

ひらりさ

講談社

# はじめに

熱中して話す人の顔は、いつも輝いている。

自分自身がなにかを推すのも楽しいが、それ以上に、なにかを推している女性たちの話を無限に聞いていたい欲求を持っている。二〇一七年には、友人四人でやっているユニット・劇団雌猫で、様々なジャンルに愛とお金を注ぐオタクたちの匿名エッセイ集『浪費図鑑―悪友たちのないしょ話』（小学館）を出した。愛しくてたまらない対象を語る人々の言葉はどれもきらめいていて、そのエネルギーに触れると「自分も人生、もっと貪欲に生きたい」と思わされる。

一方で、「なにか／誰かに熱中して楽しい」人の話だけではなく、「なにか／誰かにこだわりすぎてドツボにはまりかけた」人の話にも、惹かれていた。それは、オタクごとに限らない。恋愛で失敗してお金まで失いかけた人の話から、やりがいを求めて仕事を転々とした人、大きな買い物をすることでわだかまりが解消された人の話まで。女友達から飲み会で聞く、あるいはSNSの匿名アカウントなどでふと漏らされるエピソードには、どれも独特の力があった。

下世話だとわかりつつも、事実を知るだけでも興味深かったし、心の揺れ動きを打ち明けられることで、彼女たちの人となりに迫ることができるのも嬉しかった。思い出すのも苦々しい空回り失敗談や、欲望の代償としての支出や困窮が現在の生活を形成していたり、恋愛観や仕事観の礎《いしずえ》となっていたり。相手の心境の変化を掘り下げていくなかで、自分自身の人生に対する価値観を再点検できることも多い。そして、相手の話から自分の感情が呼び起こされて、自分の過去を聞いてもらうこともあった。現在31歳独身女性の私もまた、生活や仕事、恋愛において、悩んで失敗してもんどり打っては回復して……を繰り返してきた女の一人だからだ。

20代半ばに失恋したときには元交際相手との復縁に執着し、行列のできる復縁占い師や運命鑑定ができるという触れ込みの霊能力者の元に通い倒し、累計数十万円を溶かした。好きになった男性が「投資オタク」だったために、彼との会話を弾ませたくて投資にのめり込み、百数十万円の損害を出したりもした。思い出すだけでも胸が痛くなる、恥ずかしい思い出ばかりだが、人に話し、客観化することで、少しだけ心が軽くなることに気づいた。
そういう打ち明け話を通じて、似たような経験の持ち主がさらに「実は……」と自分のエピソードを明かしてくれることも多かった。大っぴらにはしゃべりにくい出来事であればあるほど、聞く側と話す側の双方に、不思議な結びつきが出来上がるのだった。まるで、打ち明け話の一つひとつがお互いの〝お守り〟になるように。

そんなお守りをちょっとずつ増やしたくて、二〇一九年、講談社『ＦＲａＵ ｗｅｂ』でのインタビューエッセイ連載「平成女子の『お金の話』」を始めた。身の周りの女に話を聞き、自分自身の葛藤とも向き合いながら文章をつづったものだ。自分以外に読者がいるのか不安だったが、想像以上に多くの方に読んでいただいた。初見では、〝不幸話〟だと思って読み出す人が多いようではあったけれど、最後まで読んだ方からは、自分の人生に重ねて共感できたという切実なコメントが寄せられた。私以外の人にとっても〝お守り〟になる記事を届けられたことがとても嬉しかった。

その連載内容を加筆修正し、新規書き下ろしを追加して再構成したのが本書『沼で溺れてみたけれど』である。

〝沼〟は現在、「沼にハマる」「沼に落ちる」のように、主にオタク用語として、あるジャンルにどっぷり浸かり、お金や時間を使ってしまうことを指す表現として、広まっている。本書では、その意味をもう少し広げ、人生において、自分の激情やしがらみ、推しへの執着に絡めとられ、〝普通の幸せ〟からはずれた道を生きてきた人たちを「沼で溺れる」と表現した。

〝普通の幸せ〟という言葉を聞いたときに、思い浮かべるイメージには多少差があるかもしれない。反面、「ママ活」「スピリチュアル」「不倫」のような言葉を聞いたときには、〝普通〟じゃない〝不幸〟な人たちが出てくるのだろう、と先入観を持っている人は多いのではないだろうか。その先入観を崩すことも、本書の目的の一つだ。

本書の元となったどのエピソードも「沼で溺れると危ないです」で終わる話ではない。かと言って、溺れることを推奨するものではない。ただ、やむにやまれず溺れて〝普通〟じゃない体験に振り回されたとしても、人生は続いていく、ということを伝えたくて、本書を執筆した。

登場するケースについて、「取り返しのつくようなことばかりじゃん」と思う人もいるかもしれない。この世には、もっと壮絶な〝沼〟の話があふれている。しかし、あなたの隣にいるかもしれない女性の、一見とるに足らないスケールの話も、残していく必要があると、私は思っている。世界にしてみれば小さな選択だからこそ、〝普通〟に暮らしていると思っている私たちの人生のヒントになりうるのだ。

沼で溺れている人にも、そうでない人にも、響くなにかがありますように。

# 目次

装画
たなか

装幀
鈴木千佳子

# 第１章
# 愛を求める女たち

Case

# 01

# 仙台で無一文、ジャニオタの友人に3万円を送る

コミネ（22歳）

物心つく前から、オタクだった。

テレビで流れていたアニメ「美少女戦士セーラームーン」に心をつかまれ、原作マンガが載っている『なかよし』（講談社）を親に買ってもらい始めたのが幼稚園のころ。新シリーズが始まるたびに変身スティックをねだり、ヘッドがもげるまでブンブンと振って遊んでいたらしい。

小学校に上がると『りぼん』（集英社）を購読するようになった。幼稚園のころと違って「金銭管理ができるように」と月々500円を与えられ自分で買うルールになったが、『りぼん』を買ってしまえば、もう残らなかった。発売日に買ったものを何度も読み返して、それでもマンガ欲がつきない場合には、近所のレンタルコミック屋のセール日に親にねだり、気にな

るタイトルをジャンルを問わず借りてもらった。

ここまでなら人並みと言える程度のマンガ・アニメ好きだったろう。父親はエンジニア職だったので、幸か不幸か同級生の家のなかではかなり早めに家にパソコンがやってきて、私は「ネットで調べると、終わったはずのマンガやエンディングまですべてクリアしたはずのゲームの、私が見たことがないエピソードやイラストを創作している人たちがいる」ことを知ってしまった。小学校高学年のころである。徐々に値上げされたお小遣いをすべて公式コンテンツに注ぎ込みつつ、「魔法の箱」で検索すると出てくる無料の非公式コンテンツ＝二次創作を読みあさる暮らし。やがて、公式コンテンツのなかでもよりコアな商業ボーイズラブに課金し、同人誌即売会や声優イベントなどへの参加を重ねるうちに私は、〝オタク〟を自認するようになっていった。……というのが本書を書いているひらりさのざっくりした半生である。その後、社会人になると、オタク活動の「現場」――コンサートやライブ、舞台、握手会など――を通じてオタクとの出会いも増え、そこでできた友人たち、様々なオタク女性の趣味への出費事情を書いたエッセイ『浪費図鑑』を刊行するに至った。

オタクになってからここまで、好きなものへの出費は惜しまなかったが、すごく困窮するということはなかった。私の場合、女子アイドルやジャニーズ、2.5次元など、現場通いに勤《いそ》しむ必要があるジャンルのオタクでなかったというのもあるかもしれない。どうしても欲しいものがあるのにお金が足りないときは、短期的にバイトをしたり、以前買ったオタクアイテムを友人や中古アイテムショップに売り払い、やりくりした。

両親の離婚に伴い数年ほど祖父母宅に身を寄せたときは、家庭の金銭的不安が大きく、大学進学にも懸念があった。それでも、そんな状況だからこそ趣味が生命線になっていて、それを切り詰めることはなかった。お金がないときは、過去に買ったＢＬ（ボーイズラブ）を何度も読み返せばよかったし、ネットに溢れる二次創作でも萌えをまかなえた。

自分の人生においてオタク趣味で身を持ち崩したことはない私が、趣味の〝沼〟に関して人生でもっとも切実に考えさせられたのは、いつだったか。多分、オタク友達の一人から「お金がなくなってしまった」と打ち明けられた瞬間だったと思う。それは『浪費図鑑』を刊行するよりも前、二〇一六年四月のこと。すでに社会人として働いている私が、その日の業務を終えて自宅でのんびりしているところに、彼女――コミネ（22歳）から「りさちゃん」と呼びかけるＬＩＮＥが送られてきたところから始まった。

# 夜に届いた切実なLINE

コミネは当時、京都に住んでいた。

もともとは彼女が成人するかしないかのころに、Twitterを通じて仲良くなった。私は『黒子のバスケ』というジャンプマンガにハマっていたのだが、コミネが「黒子のバスケ短歌」なる創作短歌を発表しており、その言葉選びや感性に、一気に惹きつけられたのだ。私がファンで彼女がクリエイターという関係でやり取りするうち、京都に行く際には家に泊めてもらったり、一緒に大阪のコンサートに行ったりするようになった。出版業界を志望している彼女に、駆け出しのウェブメディア編集者の立場からささやかなアドバイスをすることもあった。しかし結局コミネは、在学中にはどこかの企業の内定を得ることはなかった。学生時代からバイトしているウェブ系の企業で業務を続け、そこでの正社員登用を目指すという。狭き門なのはわかった上での覚悟だろうと私は理解しつつも、他社の求人を発見しては彼女に送るなど、ささやかなおせっかいを続けていた。

その日「りさちゃん」と連絡がきたときも、私は当初「就職についての相談かな？」と思った。すぐに反応したのだが、事態は想像していたのとまったく違う角度のものだった。

「あのね」

「いま仙台に来てるんだけど」

「お金の計算間違えてて」

「一文無しに」

「なりそう」

尋常でない様子が、途切れ途切れの文節からも滲み出ている。

詳しく問うと、推しているジャニーズグループのコンサートを観るために仙台まで遠征してきたものの、物販でグッズを買うのにお金を使いすぎて、手持ちの現金が、空港までの電車賃程度になってしまったという。会場のそばで泊まるホテルと、自宅に帰る飛行機のチケットはあらかじめとってあるが、すでにクレジットカードも限度額を超えて使えない状態。もしイレギュラーに出費が必要になって京都まで帰れなくなったらどうしようと一人夜に不安がこみあげてきて、私に連絡してきたという経緯だった。

「ごめんなさいごめんなさい」

「ごはんも我慢できると思うけど」

「飛行機の荷物とか追加料金が発生したらどうしよう」

コミネの抑えきれない焦りを感じた私は、すぐさま電話をかけた。

彼女は泣きながら、手持ちがなくなるのをわかっていたのにお金を使うのを止められなかったこと、バイトでやっていくと宣言していたが日数は週三で、とても京都での一人暮らしの生活費をまかなえる収入ではなかったこと、それを故郷の親にも言えずどんどん不安になっていって、逆に高額な外食などを続けてしまいクレジットカードも止まって、今日の状態に陥ったことを話した。

## 心を支える金額はいくら

最初は「飛行機はとってあるんだから心配しなくて大丈夫だよ」「いざとなったら親御さんに連絡しなさい」と、言葉のみでなだめる想定でいたのだが、話をするうちに「これはとにかく手持ちが十分にある状態にしてあげて、安心させないといけない」と覚悟した。

そこから「遠くに　現金　今日送る」などと調べた結果、見つけたのは、郵便局が当時提供していた「電信現金払（窓口）」という方法だった。送金人が最寄りの窓口で手続きをすると、指定した別の郵便局の窓口で、受取人が現金を即時受け取りできるという制度である。他にもいくつかの手段があったのだが、そのときコミネが持っていた本人確認書類や印鑑を使って迅速に現金が受けとれそうなのは電信現金払だけだった。翌朝、会社に行く前に急いで手続きを行い、仙台駅内郵便局で受け取れるように指定し、無事コミネにお金を届けられた。

このとき迷ったのが、はたしていくら貸すのが適切か、だ。

だいたい、飲み会代の立て替えを除けば、人にお金を貸すのが初めてだったし、具体的に必要な金額があって頼まれているのではなく、「安心」のためのお金だというのが難しかった。しかも、コミネの状況を考えると、返してもらえない場合もあるのだ。もう、あげる前提にしておくのがいいと思った。戻ってこなくてもいいけれど、コミネにとって負担になりすぎず、怯え切った心の支えになるような金額。結局、3万円を送った。とっていた飛行機に乗れない事態になったときに、宿をとったり別の便をとったりするのに足りる金額がそれくらいだろう、と考えた。

その日の夜中、コミネから「家についたよ〜」という連絡をもらい、心から安堵のため息をついた。

# 地元に戻った彼女

無事京都に帰ったコミネだが、やはりそのままの生活を維持していくことは難しかった。クレジットカードは相変わらず止められたままで、バイトは週三以上にならなかった。そもそも、彼女の精神状態は遠征の危機を乗り越えても復調していないようだった。親御さんにどうしても直接は言えない、という彼女から、お母さまのLINEアカウントを聞き出して、私から事情を説明し、一緒に彼女を説得してもらうのに十数日かかった。ようやく腰を上げた彼女は、故郷の実家へと戻り、家族のツテで正社員の職を得ることになった。私が貸した3万円も、返してくれた。

地元での彼女の仕事は、彼女がもともとやりたいことではなく、給料も決して高いわけではなかった。彼女のツイートやブログエントリから、その選択についての葛藤が、垣間見えることもあった。もしかしたら、ファンであり、年上の私がやるべきことは、「返さなくていいよ」と30万円くらいポンと渡して、彼女が憧れていた東京での就職の手助けをすることだったのかもしれない。私は老後の資金はともかく自分の生活には困っておらず、都内に実家があるくせに家を出て、一人暮らしの家賃をわざわざ払う余力を持っていた。二人の経済状態の差を考えれば、適切な金額はもっと違うものだったのではないか。彼女の葛藤に触れるたびに、しばらく悩んだ。

逆に、コミネとの共通の友達から、「肩入れしすぎじゃない」と心配されたこともあった。「お金がなくなったのは本人のせい。趣味も就活も、もっと計画的に行えたはず。3万円だったとしても、貸すのは甘やかしすぎだ」という意見だ。たしかにカードの限度額を超えたとはいえまだキャッシングなどの方法もあったし、どうしても交通費が足りない人のために警察がお金を貸してくれる「公衆接遇弁償費」という制度もあると聞く。あくまで友人である私は、彼女自身でどうにかするように促すべきだったかもしれない。

それでも、生活もままならないなかで彼女が仙台のコンサートに向かい、推しに会いたいと思った気持ちを私は大切にしたかったし、そこでたしかに受け取っただろう光を、ちゃんと家に持ち帰ってほしかった。その光を守る方法として私が考えついたのが、ギリギリではない額のお金を一時的にでも渡すことと、そうやってギリギリではない額のお金を一時的にでも渡せる存在がいるんだよと、彼女に伝えることなのだった。

今だったら同じ方法はとらなかったかもしれないけれど、私にとってそれが、アイドルを推してキラキラした言葉を生み出している彼女を、その瞬間の私が、精いっぱい〝推す〟気持ちの表明なのだった。
それ以来、彼女にお金は貸していない。しかし、こまかな書き仕事の手伝いを依頼したり、友人経由でバイトを斡旋したり、彼女が少しでもお金を稼げるような、継続的なサポートは惜しまないようにしている。

彼女から、二〇二〇年末、一つの吉報があった。コロナ禍で、景気が悪化していくなかで、どうにか転職活動に成功し、大阪で一人暮らしを始めるのだという。地元でついていた仕事の経験を生かしつつも、より勉強や資格取得なども求められる職場で、現在彼女は働いている。毎日新しい知識の吸収に勤しむ彼女は、研修のこと、配属のことなどを生き生きとLINEしてくることもあれば、新生活の不安を吐露する電話をかけてくることもある。どちらの連絡もうれしい。もともとは彼女の短歌が好きだったのが、いつの間にか彼女そのものが、かけがえのない存在になっていた。

今も彼女はジャニオタとして、当時とは違うグループを追いかけているが、親の仕送りに頼らず、限られたお金をやりくりすることに成功している。過去との変化について、コミネはこう教えてくれた。

「振り返ると、私がジャニオタに目覚めたのと、ＳＮＳで社会とつながることに目覚めたのって、ほぼ同時期だったんだよね。アイドルの話ができるのもうれしいし、それでＳＮＳでフォロワーが増えるのもうれしくて、周りがどんどん見えなくなっていったと思う」

アイドルについて新しい情報を手に入れると、それを話している自分が支持される感覚があるから、お金がなくても現場に行くのが止められなかったのかもしれない、とコミネは振り返る。

「今は、私にとってアイドルへの出費は、ただ自分が癒やされたい目的でするものになってる。アイドルを語ることやネットで発信することで自己実現しようと思ってないから、コロナ禍での自粛生活に関係なく、出費が相対的に減らせてるんだなあと思う。りさちゃんのようなネットの友達から見てどうなんだろうと気になるときもあるけど、気にすることが減ってきたよ」

コミネが大阪での一人暮らしと仕事を始めてから、まだ対面はできていない。ただ、彼女が現在の仕事のなかで悩んだときにはすぐにLINEがくるし、私も、自分が仕事や私生活のなかで悩んだときには、コミネにたくさん相談させてもらっている。

かつて彼女からは「りさちゃんは私の短歌や文章が好きだっただけじゃないの？」と不安そうに聞かれることがあった。私の答えが迷うことなく「ノー」であり、こうして関係が続けられているのは、ある意味、3万円こそを貸したおかげなのではないだろうか。あそこでお金を貸さなかったら、あるいは30万円をあげてしまっていたら、今の二人の関係は違ったはずだ。自分のお金と自分の足でしっかりと新しい居場所をつくっている彼女に、大阪を案内してもらえる日が、いつかやってくるのを待っている。

Case

# 02

# 不倫相手と暮らすため、彼女が買った5700万円のタワマン

チヤコ（35歳）

30歳を過ぎた。結婚も出産もしていない、身軽な独身だ。当面独身貴族だし！　と割り切って、ジュエリー、ブランドバッグ、バー通いなど、それまでは躊躇していた「贅沢」にもちょっとずつチャレンジしている。

ただ、なににも縛られてないからこそなかなか手を出せないものが、一つだけある。「住宅購入」だ。

同年代が集まる場でも話題にのぼるようになってきたが、独身にはいまいち入りにくいのがこのトピック。ジュエリーよりもブランドバッグよりもバー通いよりも、はるかに値のはる「贅沢品」といえるが、うまく価値をみきわめれば節税・投資効果のある財テクにもなりえる、非常にスリリングな買い物だというのは、うかがい知れる。頭金がどうのとか、DINK sにとっての予算上限とか、親の援助をどう引き出すかだとか、海外転勤で売却を急いでいる人から値切ることができたとか──。はたから聞いていても刺激的な議論ばかりだ。

実際、買おうと思えば、不可能ではないだろう。しかし今の状態で家を買ってしまうと、それに乗じて「永久に独身」のステイタスが固定化してしまうことになるんじゃないかという不安は大きい。いやそこまで結婚したいわけじゃないけど、でもなあ……とまた揺れる。

そんなふうに、周囲の住宅購入に対してかなりの眩しさを感じながらもとくになんら行動できずに暮らしているなかで、「不倫相手と暮らすために新築タワーマンションを自分名義で買い、一人でローンを組んで、今も返している」という猛者《もさ》に出会った。大手広告代理店勤務のチヤコさん（35歳）だ。「女とお金」についての連載をしていると言ったら、快く取材に応じてくれた。

## 一緒にいるとめちゃくちゃ楽しい

Aラインのワンピースがよく似合うしとやかな風貌のチヤコさん。彼女の住宅購入事情を知るには、まずその恋愛事情を聞く必要がある。

「私、クリエイティブな才能がある年上男性に弱くて。仕事柄そういう人に会う機会が多いなかで、長い間同じ企業の案件にかかわっているおじさんとうっかり寝てしまったんです。既婚者だと後から知ったんだけど、もう好きになってて、ずるずると付き合っちゃった」

相手は、10歳年上の映像クリエイター。チヤコさんと付き合う以前からすでに家庭は崩壊し、専業主婦の奥さんとは冷めきった仲だったため、付き合いだしてすぐ、彼はチヤコさんの家に入り浸るようになった。週に五日はチヤコさんの家での半同棲状態となり、生活費の大半はチヤコさん持ち。彼には子どもが二人いて、家族の生活費のすべてを捻出しなければならず、しかもフリーランスゆえに、才能と実績があっても仕事の入り方は流動的。実入りは月によってまちまちで、彼女のほうが収入は安定していた。

「はっきりと聞いたわけじゃないんだけど、同じ業界にいるから相場は大体わかるんですよね。子どもが私立に通ってるとも聞いていたし、絶対にお金がないわけ。彼の才能を尊敬していたし、それを応援したいし、一緒にいるとめちゃくちゃ楽しいから、自分がお金を出すことにも抵抗はなかったですね」

もっとも、長い時間を一緒に過ごしていて、愛情や金銭負担に不満がなくても、不倫は不倫。彼の妻から訴えられるリスクもあるし、心変わりで関係が終わることもある。チヤコさんも当初は「いつかは結婚して子どもを産まないと」という気持ちがあり、「私との将来のことをどう思っているの？」と相手を問い詰めたりした。

「私を愛してはくれていたものの、『離婚には踏み切れない』とハッキリ言われて。28歳のころかな。同世代の独身男性からアプローチされたのを機に、一度別れたんですよ。彼は都内に実家のある、スポーツマンの渉外弁護士。結婚したら家庭も持てるし将来も安定するし、幸せになれるな、と確信できる人だったんです」

## 家庭的な幸せに興味がない

不倫関係を清算し、素敵な彼氏とのセレブな新婚生活へとあゆみを進めるはずだったチヤコさん。しかし、その展望は実現しなかった。

「本当に素敵でやさしい彼氏だったんですけど……、私にとっては、一緒にいてめちゃくちゃつまらなかったんです。これまで毎日がジェットコースターのような刺激的な生活だったので。会話の受け答えもなんというか単調だし、いたって常識的な感性の持ち主だし、彼の趣味にも興味を持てなかった。『それが夫婦の安らぎってものだよ』『甘えんなよ』って言う人も多いだろうけど、広告業界の一癖も二癖もある人たちとのコミュニケーションに慣れてしまった私には耐えられなくて……。あぁ、そもそも畑が違うんだと思い知りました。自分の価値観を無視して結婚相手を探すとこうなるんだなと反省もしました」

自分が家庭的な幸せに本当はそれほど興味がないことにも気付いたと言う。

「むしろ一点豪華主義というか、性格や条件云々よりも、才能があれば他のことはどうでもいいとはっきりして。それを満たしてくれる元の不倫相手と一緒に過ごしたい気持ちが強まった。彼のほうも価値観の違いを感じ取っていたようで、お互いに冷めてしまった結果、私が振られる形でお別れしました」

弁護士とのお別れを経て不倫の道を邁進することにしたチヤコさんは「この人と享楽的に楽しく生きていこう！」と、映像クリエイターとの関係を再開した。

## 海の見えるタワマンに住みたい

家を買うという選択肢が出てきたのは、二人の交際八年目。25平米のワンルームでの同棲にさすがに限界を感じ、「もっと広い家に住みたい」と思ったのがきっかけだった。

「同棲って言っても、相手がうちに転がり込んでる状態が続いてただけですから。でもほぼうちで暮らしてるから、相手の荷物、とくに洋服がたくさん持ち込まれてたんですよ。彼、見た目が若くて着道楽だったので、かさばって重たいジャケットとかが死ぬほどあって。コイツの服で部屋の体積の何割か占められてる！　って状態でした。デスクとベッドを置いたらぎりぎりの部屋だから、私が寝ている横でごはん食べたりしてるし……」

意を決して相手に引っ越しを提案したところ、「チヤコちゃんの好きにしたら？」とまったく気のない返事が返ってきた。

「全然協力する気ないですよね（笑）。私はというと、ちょうど会社の先輩が一人で暮らしている豊洲《とよす》のタワーマンションにお邪魔する機会があって、『私も海の見えるタワマンに住みたい！』と欲望を刺激されたところだったんです。会社でも給料のベースがかなり上がってきた時期だったのもあり、これはもう一人でマンション買っちゃおうと決意しました」

マンション購入セミナーなどにせっせと通い、知識を得て物件選びに猛進。お互いの職場に近く、元の家の1.5倍以上の広さがある、海が見える新築タワーマンションの１ＬＤＫ約40平米の一部屋を見つけ、検討一ヵ月で購入に踏み切った。そのお値段、５７００万円だ。

「年収が上がったといっても、ちょっと勇気がいりましたよね。周りの独身で、投資用マンションを買っている人はちらほらいましたけど、だいたい３０００万円弱でしたから」

リノベーションした中古物件を買う選択肢もあったが、チヤコさんはそうしなかった。

「手放しやすさを考えると、やっぱり駅近のブランド力あるシリーズの、新築一択だなと思いました。いざというときのことを想定したからこそ、高いほうに踏み切りました」

住宅購入を通じてたくさんの知識を身に付け、自分のお金の使い方やライフスタイルを徹底的に見つめ直したチヤコさん。マンションを選ぶときに最も重視したのは、「将来確実に売る・貸すができる」ことだった。

「このマンションを自分の〝終の住処〟とするつもりはまったくありませんでした。結婚はしない、子どももどっちでもいいと思いつつ、当時まだ32歳。自分の人生がどう転ぶかわからないと思っていたんですね。好きになってしまったら相手に収入がなくても、極端な話、犯罪歴があっても結婚をためらわない性格です。それに、将来の転職で年収が下がる可能性だってあるし、若いときから無茶な働き方をしてきたので体を壊すリスクも高い。なので、売ろうと思ったときに不良債権になるようなマンションでは困るんです。東京23区内、駅近、新築がベストだろう、と。マンション選びは、今の自分を見つめ直し今後どうありたいか改めて考えるいい機会でした」

## 購入後に発覚した彼の秘密

チヤコさんの心には、マンション購入を通じて、それまで以上の「自立心」が芽生えていった。一方、不倫相手はというと、結局最後まで、物件に関心を持たなかった。

「最後の二物件まで絞ったときに、『どっちがいい？』って聞いたんですけど、『どっちもいいんじゃない？』って。全然、空返事《から》でした。名義は私のものとはいえ、これから二人で暮らすマンションの話をしているのに……と、がっかりしたのは事実です。不動産屋さんにも『パートナーと住む物件なんです』って説明してたし、一緒に住む気満々だったから」

契約も終わり、あとは入居するばかりとなった休日の昼下がりに、事件は起きた。

「部屋を簡単に片付けているときに、彼のカバンのなかからはみ出している郵便物を見つけちゃったんですね。パッと宛先を見たら、なんか、一軒家の住所なんですよ。彼の家族は、賃貸マンションに住んでいたはずなのに」

おわかりだろうか。つまり不倫相手は、チヤコさんが二人で住むためのタワマン購入に精を出している間に、家族のためのマイホームを購入していたのだ。

「ありえないですよね。私が自腹で一緒に住む家を選んでいる間に、そしらぬ顔で嫁と住む家を準備してたんですよ。『どういうこと！』と問い詰めたら、『これは嫁とお義母さんが暮らす家であって、手切れ金のようなもの。俺は住む気はない』と反論されましたけど、腹立ちは収まりませんでした。こんな主体性のない男と毎日過ごすより、一人で暮らすほうがよほど生産的で楽しいんじゃないかって思い始めたんです」

自立心と猜疑心がMAXになったチャコさんは、そのまま不倫相手を自宅から追い出した。そして、買ったばかりのタワマンには一人で引っ越し、相手には内見を除いて、一度も足を踏み入れさせなかった。

「仲介業者には二人で住むって言ってたから、いたたまれない気持ちでしたけど、やめるわけにもいかないし。物件引き渡しどきに同時に納品してもらうダブルベッドをシングルに変更してくださいと言えず、今も無駄にでかいベッドで一人で寝ています（笑）」

手数料など含めた頭金が700万円。残ったローンは5300万円。毎月10万5000円ずつ、ボーナス時はさらに上乗せして返済している。

今のマンションを買ったことをなに一つ後悔していないとチャコさんは言う。

「広くて綺麗で快適なおうちに住む快感、憧れのブランドシリーズ……。東京育ちの人は馬鹿にするかもしれませんが、長野の田舎で育ったから、海と夜景にものすごい憧れがあったんです。毎晩家に帰るたびにうっとりしています」

人生に真剣に向き合える買い物

不倫も後悔していないのだろうか？

「不倫に悩んでる子から相談を受けたら、『あなたはいくら稼いでるの？』とまず聞くかな。自分が稼いでて、不倫が表沙汰になったときのリスクも飲めるなら好きにしていいと思う。でももし飲食代とか家賃とか、相手の収入にちょっとでも頼ってるんだったら、さっさとやめなさいって思います。やっぱり不貞行為なんで、めちゃくちゃリスクあるし訴えられたら当然、慰謝料は請求されるし、友達や家族に見放されることもあるし」

一方で、家を買おうか悩んでる人には「一刻も早く買ったほうがいい」と熱く語る。

「金利によるタイミングはあるけど、買いたいと思ってるなら絶対早く買ったほうがいい。自分で物件を選びぬく作業も貴重な体験だし、納得した家に住むのは本当に楽しいです。アラサーの女が一人で家を買うと、周りからは『タワマンは価値が暴落するから、その買い物は失敗だよ』とか、『無理して見栄を張っても、ローンが払えなくなったら人生お終いだよ』とか、不安にさせる反応が多いんです。でもそういう人に、ちゃんと実体験や自分の知識を話すと、途中で黙るんです。たぶん、大抵の情報源はマンション購入についてネガティブに書かれたネットの記事なんですよね。その記事の知識だけで一方的に住宅購入について語ってるんだなって思って。一回でも自分でマンションを買う経験をした人は、人生の大きな選択をしようとしている人間を馬鹿にするようなことは言いません。終の住処であっても、投資であっても、高額な借金をする決断とそれを返済する決断をしているわけですから。みんな、他人に口出すよりも自分のライフプランに真剣に向き合ってますよ。これから買う人も、資金の使い方は自分できちんと考えてください。手元には最低限度の現金を残して、コツコツ繰り上げ返済するとか。……この『最低限度の現金』というのも、人によって違っておもしろいんですよねえ」

ちなみに熱心に繰り上げ返済しているチヤコさんが手元に残している現金は、300万円。「不貞行為」で訴えられたときに支払う慰謝料の、一般的相場の上限だという。

◆ ◆ ◆

チヤコさんに取材したのは二〇一九年八月のこと。好きになった相手をとことんサポートし、家を買うと決めたら全力で選びぬき、「ダメだ」と思ったときは自分の幸せのために潔く方向転換できる。世間から見た幸せの基準からは大きく外れながらも、情熱的に楽しく生きているチヤコさんの記事は、『FRaU　web』で一〇〇万PVを突破し、今でもアクセスランキング上位に名を連ねることがあるほどの人気だ。

現在のチヤコさんは、どんなふうに過ごしているのだろうか？　連絡したところ、前の不倫相手と別れてからは、特定の彼氏は一度もいないと言う。

「たまに会うセフレが何人かいる感じですね……。ただ、仕事だけは絶好調です。タワマンを買った一年後、自分がかねてより希望していたプロジェクトに抜擢されました。多忙ながらも充実した毎日を送っています。在宅勤務でも広い部屋のおかげでノーストレスですし、このご時世で外に飲みにも行けないのでデートはもっぱら私の自宅。奇しくも、変更できなかった無駄にでかいダブルベッドが今、役に立っています（笑）」

「不倫に破れた女」に対する世間のイメージとは裏腹に、あっけらかんと充実した暮らしを送っていることを教えてくれたチヤコさん。仕事も私生活も後押ししてくれる独身タワマン購入の威力を思い知ったのだった。

Case

# 03

# キスに4000円、ママ活男に料金表を渡された女

スズカ（28歳）

この二、三年ほどでメディアで見聞きする機会が急増し、世間に浸透した言葉がある。「パパ活」だ。女性が恋人ではない男性の食事やデートに付き合って金銭的な見返りを受けることとされている。一般的な定義だけで言えば違法な行為ではないが、関係を続けるうちに「個人売春」がやめられなくなる例も聞く。格差社会の拡大の余波であるのも間違いないだろう。若者の経済的困窮に、カジュアルな言葉でつけこむ年上の人間の存在は本当にありえないな、と私は思う。

驚くのが、パパ活の浸透とともに「ママ活」も広がっているという話だ。私が連載している『FRaU　web』でも、二〇一九年五月「パパ活とママ活を『同時にやった』29歳女の悟り」という記事が掲載され、大いに読まれて

いた。パパ活市場で自分の価値がジャッジされることに無力感を抱いた後だからこそ、ママ活で年下男性に奢ることで「爽快感」を得たと語るライターの視点は、自分にとって目から鱗だった。外野の自分にはわからない機微、単純な金銭的対価と性的満足の交換ではない、なにか曖昧なラインの存在を示されたのだ。もちろん、だからと言ってパパ活もママ活も肯定はしきれないのだが……。

社会的正義感だけでない、割り切れないモヤモヤを心の奥底に抱えて暮らしていた二〇二〇年五月ころ、TwitterにそのDMが舞い込んできた。

「ひらりささん、こんにちは。いつも楽しくFRaUの連載を読ませてもらっています！　コロナ禍で人に会えずに過ごしているなかで、二年前に入れ込んでしまった男性のことを思い出しました。恥ずかしながらママ活を求められて、断りきれなかったんです……。当時の私の虚しさを成仏させるつもりで、お話をさせてもらえないでしょうか。当時もひらりさささんに匿名でメッセージを送っていましたが……」

送り主は、私の記事をよくツイートしてくれていたのを機に相互フォローになった女性だ。そういえば二〇一八年五月ごろ、フォロワーからの情報収集や交流のために開設している匿名メッセージフォームから、思い当たる投稿がされていたのを思い出した。

「年下の可愛い男の子にカモにされそうです。その子は社会人なのですが金銭、もしくはごはんを要求されそうな予感です……援交だ……。ごはんとホテル代くらいならいいんですけれどお小遣いとなると、お姉さんそんなに甲斐性がない……でも顔と体は最高なので離れがたく……。どうやったら性欲を断ち切れるのでしょうか？」

よくよく考えたらこの、ママ活当事者らしき女性からのメッセージを目にしていたからこそ、私のなかにママ活への屈託が根付いていたのかもしれないと気づいた。何度か同じ人物と思われる人からの投稿があったが、真偽のほどもどこの誰かもわからなくて、どう反応していいか悩んでいたのだ。まさか、二年経って名乗りを上げる人がいたとは……。はたしてあの後どうなっていたのか。DMの主、スズカさん（28歳）に取材させてもらった。

## 札幌、すすきの一角で

スズカさんは生まれも育ちも札幌。市内の老人ホームで介護士をしている。根っからのオタクで、休憩時間にはソシャゲをやり、休日はハマっているアニメやゲームの二次創作小説を書いてはインターネットにあげるのが人生の楽しみだ。そんな彼女が、なぜママ活に踏み出してしまったのだろうか。「きっかけは、完全に事故」と振り返る。

「当時、まだママ活という言葉もそこまでは広まってはなかったし、自分からそんなことをするつもりはまったくありませんでした。でも、マッチングアプリで知り合った男性に、お金を払うようにと要求されてしまったんです」

それまで、スズカさんは二人の男性と付き合い、どちらとも数ヵ月で別れていた。そもそも、自分から好きになると片思いで満足してしまうことが多く、相手から積極的にアプローチされて付き合っても、二次元の推しに夢中になるとどうでもよくなってしまうのだそうだ。

「20代も半ばをすぎて、さすがにどうにかしないとな〜と思ったころでした。マッチングアプリで幅広い人に出会ったら自分に合う人が見つかるかもしれないし、それで彼氏ができたらラッキーだなと思いつきました」

幸か不幸か一週間ほどで、「すごく顔が好みの人」とマッチングできた。スズカさん曰く「俳優の千葉雄大さんのような顔立ち」の23歳だ。

「そもそも北海道という土地柄か、アプリのマッチング率が低くて（笑）。話もはずんだし、この機会を逃してはいけないと、彼と会うことにしました」

二人の初めての面会場所は、札幌一の歓楽街・すすきの。居酒屋で飲んだ後、スズカさんが事前にとっていたビジネスホテルにチェックインした。初回からホテルを予約!?　と驚いたが、スズカさんはそこまでのメッセージ交換で、すっかり彼のことを好きになっていた。

「本人によれば、仕事はデザイン関係で、イラストを描くのが趣味。LINEで話が盛り上がったり、私の趣味も『わかる』と言ってくれたりと、人柄にも安心感を覚えてどんどん惹かれていきました」

## まさかのタイミングで彼は言った

さすがにスズカさんのほうは、肉体関係を期待していたわけではなかった。しかし初めて会う直前に、相手から「家に無職の男友達が転がり込んできている。二人ぶんの生活費がかかるからお金がないし、気が休まらないので寝不足で、帰りたくない」という愚痴を聞かされたのだと言う。

「できることを考えた結果、『じゃあホテルとってあげるからそこで寝なよ』と提案したんです。まあ、あわよくばと思ったのでダブルベッドの部屋を予約していたのですが（笑）」

蓋を開ければ、相手もその気だった。ほろ酔いでチェックインした二人は、ベッドですぐにスキンシップ。スズカさんとしては、そのまま最後までするつもりで身を委ねていたのだが……事件はなんと、その最中におきた。

「意中の人と付き合った経験は少ないんですが、そのぶん、ワンナイトラブの経験自体は何度かあって、抵抗はなかったんです。以前は、私の好きな人に彼女ができてしまって、やけになって当時の職場の上司と関係を持ったことすらありましたから。それに比べたら、今回私は彼のことが好きなわけですし、マッチングアプリで知り合った男女として仲を深めるうえで体の関係から入っても、問題ないと思ってました。それなのに……いざ挿入するのかなというタイミングで、彼が言ったんですよ。『ぼく、お金をもらわないと最後までできないんです』と」

どういうこと？　頭のなかにハテナマークが浮かんだスズカさんに、彼はこう続けた。

「実はママ活をするためにアプリをやってるんです。お賃金が発生しないならぼくはセックスできません」

まさかの告白にスズカさんは呆然とした。

「マッチングアプリで会った人と金銭の授受をしている人がいる話は、情報としては知っていても、まさか自分がそういう人に出会うとはというのと、この段階で言うものなの？　ってことに、ものすごくびっくりしましたね。『挿入1万円』って言われました。パッと払えない金額ではないですが、お茶とかごはんとかならともかく、セックスじゃないですか」

たしかに金額的にはお手頃とすら言える。しかし、ママ活というか、もはや買春である。

「ホテルをとったとはいえ、とてもお金を払う気にはなりませんでした。私としては好みの顔の男の子にスキンシップで気持ちよくしてもらえて満足できたのもありますし……。かなり気まずかったですけど、その日は挿入するのはお断りしました」

## 送られてきた「ママ活料金表」

朝まで一緒に過ごし、解散した二人。お金は払えないというスズカさんの言葉を聞き、彼も了承したので、関係はここで終わるかと思ったが……彼を好きになってしまっていたスズカさんは自分からは連絡を絶つことができなかった。

「私も当時ぶっ飛んでたのかもしれないですね。衝撃はあったけれど、『まあこんな人もいるんだなあ……』と受け入れてしまった部分があって。お金を払うのは断ったのに一週間後に料金表を送ってきたときは、啞然としましたけれど（笑）」

スズカさんに届いた料金表には、「※前払いとして以下料金をいただきます」の注意書きとともに、時間や内容に応じた料金設定が書かれていた。

【おデート、お仕え】
3時間以下5000円
4〜8時間10000円
※身体に触れるのはNGです。別途料金をいただきます。
【その他】
身体のお触り2000円
キス（お触り含む）4000円
セックス（お触り、キス含む）10000円

「〝おデート〟とか、気持ち悪っ！　と思いますよね。どう反応していいかわからなくて、ゆるキャラのLINEスタンプだけ送った記憶があります」

彼はお金に困っている様子だったのだろうか？

「ママ活を始めた理由などは聞かなかったです。そもそも聞いて本当のことを答えるかもわからないですし。デザイン関係と言っていたのも、真実かはわからなかったです。洋服は好きらしく、MILKBOY系のメンズブランドを着てました」

料金表に絶句していたスズカさんだったが、つい魔が差して、その翌月、自分から彼をごはんに誘ってしまう。その日は食事をごちそうするだけで終わり、金銭は支払わなかった。健全な関係が築けるか……と一瞬思ったが、そうはいかなかった。彼はスズカさんの好意の度合いを見ながら、ママ活に持ち込めるタイミングを見計らっていたのだ。

## 結局、関係を持ってしまった

ある日スズカさんに届いたのは、彼からの「うち来ない？」の誘いだった。

「これはさすがにお金が必要なやつだろうな、と思ったのですが、当時の職場が非常に殺伐としていて、疲れ果てていたのもあり、応じちゃいました……。本番行為にお金を払うのは抵抗があったので、『体の関係はなくていいので、お仕え1万円で』と伝えて、お金を払うことになりました」

相手の自宅は、札幌市内のアパートの一室。リビングも寝室も結構広めで、室内を見渡すと、女もののブラジャーや、明らかに彼の趣味ではなさそうなポケモンのぬいぐるみなどが目に入った。

「料理を一緒につくってお酒を飲んで、当時話題になっていたアニメを見てました。やっぱり、オタクな話ができるのがよかったんですよね」

結局この日、スズカさんは彼と最後まで肉体関係を持ってしまう。

「自分はお仕え代を払ったつもりだったのですが、彼のなかではセックス分も含めた代金だったみたいです」

ママ活の世界に足を踏み入れて、スズカさんはどんな気持ちになったのだろうか。

「正直、私はこんなに顔のいい男と仲良くしてるんだという優越感はありました。だから当日はすごく楽しい気分でしたが、数日後に落ち込みがやってきました。この人は、私がお金を払わないと私に会う価値はないと思っているんだよな、と悲しくなっちゃって……」

読者のなかにも、アイドルへのプレゼントがやめられなくなってしまったり、ホストにハマってついお金を使ってしまったり……という経験がある人はいるかもしれない。しかし、モノやイベント、食事の時間に自分の意志でお金を払うのと、向こうから対価を要求されるのは、話が別だろう。ママ活をしていない男性に関心を向けたいとスズカさんも思った。ナンパについて行ったり相席居酒屋に行ってみたりして、彼氏ができた期間もあったが、いつも最後にはママ活男のことが気になってしまった。

「ワンナイトラブも何度かあったんですが、結局、彼への当てつけの気持ちが強かったかも。『この人たちは私と無償でセックスしてくれるんだぞ、なんならタクシー代払ってくれるんだぞ』っていう……。彼に削がれた自尊心を回復しようとしていた気がします」

「あなたのことは好きにならない」

どうしてもママ活男を吹っ切れなかったスズカさん。もう一度だけ、と自分からお金を払って彼の家に行った。

「お恥ずかしい話なのですが、当時ハマっていた作品の二次創作小説を書くときにどうしても推しカップルにさせたい体位があったんですね。そのイメージがわくように、再現したいという気持ちが出てしまい……彼に相談したら、笑いながらOKしてくれました」

根っからのオタクであるスズカさんらしさが表れたエピソードだ。楽しい時間もありつつ、スズカさんは、『もしかしたらいつか彼女になれるのかもしれない』という期待と、『それでも結局はお金目当てなんでしょう』という諦めのはざまで、揺れる日々を過ごした。

「ママ活という形での支払いは極力したくないけれど、ごはんをごちそうしたり、プレゼントをあげたりはしていました。彼の誕生日が十月にあったので、そのときは夜景の見える綺麗なレストランのコース料理を予約しましたね」

転機は彼と出会って半年後に訪れた。十一月にスズカさんの誕生日があったのだが、お祝いにプレゼントが欲しいとスズカさんが彼にお願いしたところ、「あなたのことは好きにならない」と言われてしまったのだ。

「彼は最初は『いいよ』って言ってたのに、誕生日が近づいても、予定を聞いてくるわけでもなく。それで私から『これ欲しいな』とかLINEして様子をうかがっていたら、『スズカちゃんの期待にはこたえられない』と言われて」

彼は『私には少しのお金を払う価値もない』と判断したのだ、とスズカさんは考えた。

「ママ活としてのお金を払わなくても会えることもあり、会うだけなら楽しかったんです。でもそれも歪んでたんだな、とやっと気づいて。LINEをブロックして、それ以来一切やりとりも対面もしてません。日記にも『私を大切にしない人に割く時間はない！』と書き残しました」

自分にお金を支払ってくれるかどうか、が愛の証になるかというと、もちろんそうではないだろう。しかし、彼への恋心ゆえにお金を払うことに踏み切ってしまったスズカさんだったからこそ、深いショックを受けた。

ようやく関係を断つことができたスズカさん。ママ活をしてしまったことは「今は人生の肥やしになっている」と振り返る。

「よくよく考えたら、彼と会うまで、セックスしていて気持ちいいと思ったことがなかったんです。それまで交際していた彼氏たちとも、会えばセックスをしていましたが、それが負担でした。挿入時に気持ちいいと感じられず、私はハグやキスなどのスキンシップで満足できるけど、相手は最後までしたいよなぁ……と、渋々最後までする感じだったんです。それなのに、ママ活男とは、最後まで気持ちよかったんですよね。それも、彼に執着した原因の一つでした。その経験ができたことは、よかったたと思います」

・・・

本書刊行時点でスズカさんがママ活男と会うのをやめてから、三年近くが経っている。改めてどんな心境か教えてもらった。

「あのころは『年相応に恋愛をしなければいけない』という強迫観念があったのですが、そんなことはないと、考えが変わりました。親しい友人にすら話すことができない話題だったからこそ、ひらりささんにお話を聞いてもらって、気持ちや思い出が成仏したのもあるかもしれません。でも『恋愛をするもしないも自由』という考え方になった途端に、異性からの誘いが増えましたね。驚いています」

　ママ活をしている人や興味を持っている人に、かけられる言葉はあるだろうか。

「法律や健康上の問題があるので、買春行為はやめたほうがいいです。でも法律に抵触しない範囲で納得して対価を払うこと自体は、私は悪くないと思っています。お金を払って気持ちよくなれるんだったら、それは本人の自由ですね。お金を払って苦しくなっているなら、考え直したほうがいいです。私みたいに、人によって向き不向きはありますし」

　冒頭で書いたこととも重なるが、「パパ活」「ママ活」は金銭を差し出す側にとっても、相手に対する奉仕を差し出す側にとっても、ずるずると心身のバランスを崩す危険性を大いに孕んだ関係性だ。私はやはり肯定できないが、個々の事情が多様に存在するということも、スズカさんへの取材を通じて改めて実感した。一律に断罪もできない。なんらかのバランスやタイミングが重なってしまってそこに踏み出してしまっている人、踏み出そうとしている人がいたら、スズカさんのエピソードが「向き不向き」について改めて考えるきっかけになればと思う。

Case

# 04

# ソウルで知り合った58歳主婦と、推しを語り合う

ユウコ（58歳）

オタクといえば〝推し〟がいるものという風潮が強まっている。雑誌・テレビは「推し活」特集を乱発しているが、私はここ数年、推しと明確に言い切れる存在がいなかった。

20代半ばまでは、アイドルの握手会に参加するために写真集を複数買いし、BL作家の新刊を手に入れるために始発でコミケの待機列に並び、推し声優のラジオ公開録音イベントの整理券をゲットするために徹夜していた。しかし、単純になにかにハマるだけでも精神と時間のリソースが食われるのに、いわんや人間自体を推すのはなおさら大変だ。いつの間にかその情熱を持続できなくなっていった。

まず「現場」に参加する権利を得るのに、各

プレイガイドやファンクラブの抽選にあれこれ申し込まないといけない。東京会場に当たればいいけど、地方に行くなら航空券・ホテルをとって遠征のスケジュールを立てないといけない。良席でファンサービスを得たいと、何公演も「入る」ための時間の確保も馬鹿にならない。自分一人では当てられないような高倍率の現場に備えて、日頃からオタク友達との連携を築いておくのも、なかなか骨である。「人」（これは二次元のキャラ、カップリング――キャラ同士の恋愛関係――も含む）にフォーカスしたオタク活動には、外から思う以上の労力が必要だ。

愛している沼はたくさんある。しかし、マンガ・小説・アニメや、コスメ、映画など「好きなときに自分のペースで楽しめる」ジャンルが主体だ。仕事に多くの時間を割いている自分のライフスタイルに合っているのもあるが、年をとってオタク活動に使えるエネルギーが目減りしてきたのもあるかもしれない。自分が「落ち着いて」きているからこそ、現在進行形で推しに熱中している人達の様子をより眩しく眺めていた。

そんなふうに、推しがいないことを緩やかに受け入れていた二〇一九年、事件は起きた。出会ってしまったのだ。俳優チュ・ジフンに……。

# 見知らぬ「友人」から背中を押されて韓国へ

チュ・ジフンは一九八二年生まれ、韓国ソウル出身の俳優だ。九頭身はあると言われるスタイルや端正な顔立ちもさることながら、イケメン王子役から、次第に悪に染まっていく刑事役まで、幅広い役をこなす演技力も相まって、韓国映画界を背負うスターの一人となっている。私が彼を知ったきっかけは、二〇一九年に二ヵ月連続で二作、日本公開された韓国映画、『神と共に』。「ハリウッドに負けねーぞ」という気概を感じる最新鋭のVFX（visual effects）と、二転三転四転しまくるシナリオを力技で盛り込んだエンタメ大作で、本国でも大ヒットを記録している。

作中彼が演じたのは、メインキャラクターとなる地獄の使者の一人、ヘウォンメク。すらっとした体軀に纏った黒一色の装束、その裾を翻しながら飄々とふるう大剣、見た目は二枚目なのにしゃべるとお調子者というギャップ、そしてその背後に隠された前世の悲劇……。すべての要素が黄金比率の彼は私の心に入り込み、他のことがなにも手につかなくなった。友達を連れて行くという名目や、応援上映だから別腹という理屈で、何度も映画館に通った。

そしてハマって二ヵ月目に、飛び込んできてしまったのである。チュ・ジフンが六年ぶりのファンミーティングを行うというニュースが。開催予定地は、ソウル・香港・台湾・バンコクで、東京はなし。はたして、わずか二ヵ月のファン歴しかないのに、海を越えるべきなのだろうか？　観光では行ったことがある韓国だったが、イベントに参加するとなるとハードルはなかなか高い。チケットサイトは韓国語だから自分では操作が難しく、チケットを代わりにとってくれる代行業者が半ばオフィシャルに存在しているものの、それを通じて頼むのも不安があった。だいたい、イベント本編も韓国語なのでは？　仕事も忙しいタイミングだったし、正直、見送ろうか……と考えていた矢先、舞い込んできたのは、見知らぬアカウントからのDMだった。

「はじめまして。ジフニ（チュ・ジフンの愛称）のファンを長年やっています。ファンミですが、噂によると同時通訳もあるらしいですよ。私も行く予定ですし、ひらりさんのように最近興味を持った方の感想をぜひ聞きたいです！」

すごい、全然知らない人が、めちゃくちゃ親切にしてくれる。これまではオタク活動で情報交換するにしても、直接会ったことのある友人同士が基本だったので、見知らぬ他人から熱烈に「布教」を受けるのがとても新鮮だった。自分の30歳の誕生日を控えた月だから、ちょっとくらい散財してもいいかなという気分だったのと、「ファンになった途端にファンミ開催」というタイミングにも意味があるだろうというオタクらしいこじつけが浮かんだ。こうして、先達にチケット手配を相談しつつ航空券・ホテル含めトータル7万円を払っての遠征が決定したのだった。

# 49歳でオタクになった

初めての海外遠征ファンミーティングは、この上なく幸せな時間となった。二時間半におよぶイベントは「All About JO JIHOON」のタイトルどおりに、チュ・ジフンが過去作品の思い出を大いに語り生歌を披露しファンからのQ&Aに回答する、盛りだくさんのひとときだった。やはりトークはすべて韓国語で、同時通訳が聞こえるイヤホンの配布は公式ツアー参加者限定での提供だった。しかし、イベント後、幸運にも韓国語が解せる参加者の方と夜ごはんを食べることができ、私がまったく聞き取れなかったトーク内容の詳細を教えてもらえた。中盤に過去作品で彼と共演した男性俳優たちがサプライズ出演し、垂涎のスキンシップが展開されたのもあり、正直これが見られただけでいいや！　と満足できた部分もある。周りで萌えているオタクとの確実な連帯感も、来てよかったなあと思わせてくれた。

イベント後の生握手の余韻も醒めやらない翌日、DMをくれたベテランファンのユウコさん（58歳）とお茶をし、私が知らないジフニのヒストリーを聞かせていただいた。

ユウコさんは私の母親とちょうど同い年。娘さんの一人も私と同い年だと言う。すでにお孫さんもいるのだとか。普段は団体職員として働いている。

「私がジフニにハマったのは二〇一〇年。仕事中、ビデオチェックの必要があって、テレビのスイッチをつけたんです。そうしたら当時昼のドラマ枠で『宮（クン）～Love in Palace』の再放送をやっていて。若いスタッフの子から『このドラマ人気だったんですよ！』と教えてもらったものの、そのときはふーんと思っただけで消しました。でも……自分でもよくわからないんですけど、翌日からその再放送を録画して深夜に観始めたんです。それまでは『冬ソナ』すら観てなかったのに、あっという間にどっぷりハマりました」

子供時代にオタクになっていた身の上からすると、ハマるきっかけからして新鮮だ。

「ただ、若いころから素質はあったかも。20代前半は野球選手にハマっていて、せっせとファンレターを出していたなと、今思い出しました（笑）。結婚から出産後には、深夜ドラマ『NIGHT HEAD』（一九九二年）の霧原直人に夢中で、原作本を買い込んだこともあります。あのころは、役が好きだっただけで、直人を演じているトヨエツ（豊川悦司）に会いたいとは思ってなかったので、今ジフニを追いかけているのは、自分でも不思議ですね」

## グランドピアノを贈るファンもいる

推しに会う発想のなかったユウコさんの心境は、どう変化したのだろうか？

「私がファンになった当初、ジフニは兵役に行っていたんです。軍隊が上演するミュージカルに出ていて、周囲のファンがちらほら行っているのを羨んでいました。でも私はそれまで海外旅行をしたこともなく、パスポートさえ持っていなかったので、ミュージカルを観るために渡韓ということはまったく頭になくて。行った人のブログでレポートを読んで満足していました」

しかし、二〇一一年十一月。兵役終了にあわせ、ファンミーティングの告知が舞い込んだ。参加特典として全員との握手が保証されていると聞いて、ユウコさんは心揺れる。ハマったきっかけをくれた職場のスタッフからも「絶対、絶対行くべき！」と後押しされ、締め切り当日に申し込むことに。告知サイトのページを印刷した紙を握りしめて、「抽選に当たったら、行ってもいい？」と夫に相談した。

さすがに難色を示されるかと思っていたが、夫の反応は「行ってくれば？」とあっさりしたものだった。

「娘たちも応援してくれましたし、義母も自分が旅行好きなのもあって寛容に送り出してくれました。そもそも夜な夜なドラマを視聴していたし、Amazonや楽天で注文したDVDや雑誌がばんばん届いていたので、止めても聞かないだろうと思われていたのかもしれません(笑)。今調べたら、最初の一ヵ月に6万円は通販していました……」

ファンミーティングは、公式ツアー参加の場合一回15万円程度かかる。何度か参加し、そうしたファンクラブイベントがあまり開催されなくなってからは、彼の出演する映画の舞台挨拶イベントのために渡韓するようになった。個人手配なので、そちらは一回当たり6万円ほどで済んでいるそうだ。これまでの渡韓頻度は年一～二回。

ジフニに会うためにかけた費用は、累計で120万円ほど。十年分と考えれば、そこまでの高額ではない。韓国俳優やK－POPアイドルというと、「ファンからの豪快なプレゼント」エピソードもよく聞くが、ユウコさんはそういった出費は控えている。

「ジフニが入隊中、韓国のファンの方々がグランドピアノを贈っていたのはびっくりしましたね～。日本でも、おそろいのユニフォームを着て彼のイベントに参加しているファングループはあるので、その人たちは今回のファンミでも豪華なプレゼントを贈っていたかも」

このファングループ、たしかに今回のファンミーティング会場でも見かけた。基本的に大企業の重役の妻や、医者の妻などといったステイタスのメンバーで構成されているラグジュアリー集団らしい。同じユニフォームを着用し、それには会員番号も記載されているのだとか……。「お茶会」と呼ばれるイベントを主催する、宝塚歌劇団の私設ファンクラブに近い雰囲気を感じた。

「実は以前、私も勧誘されたことがあります（笑）。序列とか集団行動とか馬鹿らしいな〜と思って断ったんですけど、ファン活動にとくに支障はないですね」

## 「推しの過ち」への向き合い方

チュ・ジフンは、『神と共に』の大ヒットの後も数々の映画やドラマに出演し、その演技力を高く評価されている。ただ、ずっと順風満帆にキャリアを積んできたわけではない。

「ひらりささんのように最近ファンになった方だと知らない人も多いのでしょうが、彼は過去に薬物使用の容疑で逮捕され、かなりファンが離れたことがあるんです。私はその直後にファンになった口ですが、継続して応援していた方は大変だったと思います」

チュ・ジフンは二〇〇九年、合成麻薬などを数回にわたり吸引した容疑で書類送検され、懲役六ヵ月、執行猶予一年のほかに、一二〇時間の社会奉仕と追徴金36万ウォンを命じられた。すでに十年以上も前の出来事ではあり、芸能界の人間関係のなかで断れなかったという噂や、また検査では陰性だったのを本人が自白をしたことで書類送検されたという経緯もある。それでも、長年の韓国ドラマファンのなかでは彼にネガティブな感情を持っている人もいるし、現在の活動に完全に影響がないとは言えない。

私の場合、知人の韓国ドラマファンが「最近チュ・ジフンの名前がまた話題に上がってるけど、あんな事件もあったのに頑張ってるな」とTwitterでつぶやいているのを目にし、詳細を調べた。自分が推す以前の推しの過ちを知り、どう向き合うべきなのか、最初は悩んでいたが、事件についても口をつぐむのではなく、真摯に反省している旨をインタビューのたびに話していることにむしろ好感を覚え、ファンミーティングに参加して本人と接するなかで、今後も推していくことに決めた。

「当時はまだ若く道を誤ってしまった彼ですが、復帰後はファンの期待を裏切らず、真摯に努力して、めざましい活躍を見せてくれています。一ファンとして本当にうれしい。信頼できる先輩俳優たちに囲まれているのも、もう彼は大丈夫だなと思える一要素です。この前も、彼が出る映画祭にあわせて渡韓したんですけど、なんと打ち上げ後の彼に遭遇することができました。お酒を飲んでとても機嫌がいいタイミングだったのもあり、ハグ、ツーショット動画、サインとフルコースのファンサービス！　夢みたいでしたね」

「オタ活をしていて大変なことは？」と問うと「いいことばかり」と答えるユウコさん。イベントのたびに数日は仕事を休まないとならないのはネックだが、仕事場でも韓国俳優オタクを公言しているため、快く見守ってもらえているという。

「オタ活を始めてからのほうが、家族に対しても気遣いができていると思います。普段から夫も娘も率先して家事をしてくれるんですが、オタ活をするようになってから、私のほうも『ありがとう』『助かる』と積極的に声に出すようになったんです。そして、友達も増えました。ファングループに入らずとも、今はSNSがあるので、仕事・年齢・居住地域の違う〝ジフ友〟さんがたくさんいて、TwitterやInstagramでつながり、一緒に遠征をしています。人生、明らかに豊かになりましたね。ジフンにハマってよかったことしかない！　と、この取材を通じても改めて思いました（笑）」

　　　　　　　　　　　　　・　・　・

生き生きと長く一人の俳優を推す楽しさを教えてくれたユウコさん。二〇二一年現在、コロナ禍による海外渡航制限で、韓国俳優やK－POPアイドルなど、海外に推しを持つオタクたちは、苦渋の日々を過ごしている。ユウコさんは、どう過ごしているだろうか？

「近況的には変わらぬ毎日で、仕事も現役です。渡韓できないのは残念なのですが、SNSなどでジフニの情報はたくさん得られます。それを楽しみつつ、出演作のブルーレイを購入するなどしています。あと、彼がNetflixドラマにたくさん出るようになって！

追いかけるのも一苦労です。私がジフニ活動をしていて一番よかったと思うのは、普通に生活していたら出会うことのなかった友達がたくさんできたこと。これは本当に一生ものの財産だと思っています。コロナが収束したらまたみんなで渡韓したい。ジフニや彼女たちに会いに行けるときが来るのを今はひたすら待つ日々です」

私が60歳になるのは、約三十年後。そのときまで「オタク」「推し」という言葉が残っているのかまだわからないが、明確な対象に肩入れし、情熱を燃やしているからこそ得られる輝きがあるのだと実感させられた。ユウコさんのように生き生きと年をとれるよう、未来の〝推し〟に出会うきっかけになるだろうテレビやドラマ、音楽、本などのカルチャーに触れ続け、〝推す筋力〟を維持していきたい。

Case

# 05

# 2時間2万円、彼女を救った女性用風俗の世界

ミユキ（39歳）

人生の大半、恋人がいない。二〇一九年もそうだった。「劇団雌猫」名義で三冊書籍を刊行し、推し俳優チュ・ジフンができ、仕事も趣味も充実した一年だったけれど、「恋愛にももう少し時間を割いておくべきだったのでは……」という心の声はたまに襲ってくる。普段は忙しさにかまけて忘れているが、誕生日、クリスマス、バレンタインデーといったイベント事が訪れたり、他人の慶事の話が飛び込んだりしてくると、心の奥底のどこかをざらりと撫でられるような感触がある。たわむれにマッチングアプリをインストールしては、渦巻くエネルギーに目眩《めまい》がして、すぐに閉じていた。

日々は充実しているし、結婚・出産に対して

切望があるわけではない。世界に無数にいる他者のなかから誰かを選んで、関係を築いていくことに、どんどん怖気付いている。いっそホストクラブとかレンタル彼氏とか、そういう〝沼〟で疑似恋愛をしてみると自分が求めているものが見えるのかも……？　と、思ったりもした。

振り子のように心が揺れ動いていた二〇一九年の冬、Twitterに一通のDMが舞い込んだ。何度か対面したことがあるフォロワーのミユキさん（39歳）からだった。

「連載、楽しく拝読しています。この間話せなかったんだけど、実は一年前から女風（女性用風俗店）を何度か利用していて、男性セラピストにお金を払っています。いろいろ他人に話したいけれど、そんなにおおっぴらには言えない課金のため、悶々としており……。よかったら話を聞いてくれない？」

なんと、ホストもレンタル彼氏も飛び越えて、女性用風俗の話だった。

聞いたことはあったけれど、まさか身近な知人に、利用者がいたとは。そんなに簡単にアクセスできるものなの？　というか一体どのような価格帯なの？　というか一体どんな人たちが働いているの？　疑問はつきず、すぐにミユキさんにお会いすることにした。

# 初回はガチガチに緊張

フリーランスのデザイナーとして働いているミユキさんが、女性用風俗を利用し始めたのは、二〇一八年十二月のこと。その前に、配偶者とのすれ違いが続き、十年続いた結婚生活を解消した流れがあった。

「家を出て、一人暮らしを始めて、『結婚してたときにできなかったことをいろいろしよう！』と思ってマッチングアプリに登録したりもしたのですが、うまくいかなくて……。離婚後、一年目のクリスマスの直前に、ある女風のサイトを訪問しました」

その店で働く男性をたまたまネット番組で見かけ、サービスの存在を知ったのだという。

「その人――女風業界だとセラピストやキャストっていうんですけど――は、〝最低男〟のようなくくりで、自分の女性経験をあれこれ話していました。ホスト系の顔立ちでした。こういう人が働いているんだなぁとだけ思って、その後しばらくは忘れていたんです。でも、個人的にメンタルが落ちてしまったタイミングで『女性用風俗』で検索したところ、二時間で2万円くらいの相場感なのを知って。『え、これなら払えるじゃん』と思って、そのまま店のＬＩＮＥアカウントにメッセージを送って、初利用の予約をしました」

サイトには、セラピストのプロフィールと写真、出勤スケジュールなどが掲載されているが、顔を完全に出している人は少数。出しているパーツの雰囲気や自撮りの撮り方、プロフィール文を吟味して、一人のセラピストを指名した。

「初回はとっても緊張してましたね。いまだに相手から『最初はガチガチだったよね』と言われるくらい（笑）。風営法の条文を読み込んで、ブログやSNSで体験談もチェックして、ホテルは休憩でも予約ができる小綺麗なところとして『バリアンリゾート』を予約しました。指名料、ホテル代、相手の交通費を入れて、合計3万円くらいです」

念入りに下調べをして迎えた当日。写真から予想した通りの、清潔感があってすらっとした20代前半の青年がやってきた。ミユキさん曰く「AV男優の一徹さんの顔をもう少し縦にのばした感じ」とのことだ。

まずはカウンセリングシートを渡されて、あれこれ記入した。

「お店をどこで知りましたか？　とか、呼んでほしい名前は？　とかに答えていくと、下にいくにつれてだんだんエロい質問になっていくんですよ。どこが感じる？　SかMか？　やってほしいことは？　みたいな。黙々と回答していると、床に跪《ひざまず》いて距離をとっていたセラピストがいつの間にか近づいてきて。『え〜耳が性感帯なんだ……』なんてささやきながら肩に手をまわされ、浴室に連れて行かれました」

その後はマッサージをするという名目でベッドに横になり、希望した性的なサービスを施してもらう……というのが女性用風俗の一連の流れだ。風営法にのっとって挿入はNGだが、「それ以外のことはすべてやってもらえると言っても過言ではない」とのこと。

「『成人マンガの宣伝バナーで見たようなこと、全部やってもらってる！』と、心から衝撃を受けました（笑）。初めて会う異性の前で裸になるのは当然抵抗ありましたけど、流れがあまりにもなめらかだったのと、『お金払ってるしいいじゃん！』と開き直れた部分がありますね。鏡にガッて顔を向けさせられて、『金で男を買った気分はどう？』と言ってもらったのも、とてもよかった……」

## 週一ペースで利用した

一度きりの奮発をしたつもりが、初回ですっかりハマってしまったミユキさん。しばらくは週一ペースで同店を利用した。

「序盤のペースは、相手からも軽く引かれましたね（笑）。毎日出勤してる子だし、私はフリーランスだから、いくらでも融通がきいちゃったんです。とはいえ月に12万円を風俗に使うのはさすがにな……と思い、今は月一～二回ペースに落ち着きました」

ミユキさんの年収は額面400万円程度。離婚の財産分与もあり、そもそも他にお金を使う趣味もないので、月3万～6万円の出費であれば、貯金を崩さずに通えているという。

「他の子を指名してみるのもおもしろいかもという気持ちはあるけど、多分支出が倍になる気がするんですよね（笑）。それで一人だけに絞ってます。彼が仕事をやめたらそこで終わりでもいいかなと思っているし、一人にずっとお願いしてると『前回はこういう感じだったから、次は拘束プレイ試してみてくれる？』とか、PDCAを回せるのもいいです」

月一で身体をかさねながらも、指名セラピストに恋愛感情があるわけではないというミユキさん。予約はTwitterのDM経由なので細かいコミュニケーションも可能だが、それも控えめにしている。

ミユキさんは「お金払ってる時間以外をもらいたいとは思わない」と断言する。

「フリーランスとして働いていても、身にならない雑談に呼び出されたりするとイライラするんですよね。業務以外のコミュニケーションって本当にいやだと自分がよくわかってますから。プライベートに踏み込みたくないので、『なんでこの仕事してるの？』とかは、こちらからも聞かないようにしています」

## セックスに対する引け目

自分なりの節度を守って女風に通っているミユキさん。しかし、恋人をつくろうとは思わないのだろうか。聞いてみると、「お金を介した関係のほうが気楽なんですよ」という答えが返ってきた。というのもミユキさんは、20代のころから性交痛に悩み挿入を伴うセックスで気持ちよくなれたことがほとんどないのだ。「処女膜強靭症」の診断を受けている。

「最初の彼氏といたそうとしたときに、ほとんど入らなかったんです。病院でもらった麻酔入りの潤滑ゼリーのようなものを使ってもダメで。歴代の彼氏たちは、それでひどいことを言うような人たちではなかったんですが、私のなかで『ちゃんとしたセックスがしたい』という気持ちが強くて。悩んだすえ20代前半に産婦人科で手術をしました」

手術を経て挿入はできるようになったが、問題は解決しなかった。

「泣くほど痛くはなくなりましたけど、挿入自体で気持ちよくなる感じではないんです。自分が気持ちよくないと、相手も遠慮するじゃないですか。相手に加害者意識を持たせてしまうのが、心から苦しくて。どうにか解決できないかと、いろいろな本を読みましたが、そのなかで『あなたのセックスが痛いのは、愛がないからです』という論を展開しているものがあって。あれを読んだときは、心から腹が立ちましたね……。女性に〝呪い〟をかけてると思います」

そんなミユキさんの体質を尊重して理解してくれたのが、元結婚相手の男性だ。

「結婚している間は夫一筋でしたし、スキンシップも十分あったと思います。ただ、夫が仕事で忙しくなって、すれ違う時間が増えるようになると、心が離れていきました。もし普通の夫婦みたいにちゃんとしたセックスでコミュニケーションができていたら、結末は違ったのかもしれない、とはいまだに思います」

マッチングアプリでは、それなりに出会いはある。しかし遊び目的でも結婚目的でも、最終的にはセックスは避けられない。どうしても引け目があった。

「普通の恋愛関係において、『挿入できなくてもいいよ』と言ってくれる人に出会う可能性って、非常に低いですよね。仮にいたとしても、誰かを私の事情に付き合わせるのが申し訳なくて。結局誰かと深く仲良くなることは諦めたところで、女風と出会ったんです」

先にも書いたように、風俗は挿入がNGだ。そうして、なにをやってなにをやらないかは、お金を出している側にゆだねられている。相互に心身を求めあう関係ではなく、「お金」という対価と交換に快楽を提供してもらうシステムのなかで初めて、ミユキさんは人を加害者にしないで済む気楽さを得ることができた。

「〝いい奥さん〟にも〝いいパートナー〟にもなれなくて、ちゃんとできない自分が本当につらかったんです。今はパートナーはいないけれど、推しセラピストのおかげで性欲は解消できてるし、ちゃんとしなくてもいいんだって思えて、のびのび生きられてます」

## 怖いのは自分も〝沼って〟しまうこと

女風通いをおおっぴらにはしていないミユキさんだが、信頼できるメンバーだけの女子会などでは、話題に出すこともある。すると、他にも数人は利用者がいたという。

「セラピストに話を聞いていても、既婚女性が旦那さんとうまくいかなくて……という例は、本当に多いみたいです。あとは処女の子が彼氏にめんどくさいと思われたくないから、とか。もちろん『いろんなイケメンを食べてみたい』とあっけらかんと女風通いをしている人だっていいます。男の人は風俗やキャバクラ通いの話題でコミュニケーションをとったりするけれど、女性は抵抗があるのか、気軽に女風の話をする人は少ないですね」

ミユキさんは、女風があったからこそ、自分を責める気持ちから距離を置き、肩の力を抜いて暮らせるようになった。だが、万人にすすめるわけではないという。

「なかには、男性セラピスト側が本番を強要してくるケースもあるそうで、そういうリスクもゼロではないし、男性の風俗同様、お客さんのほうからそれを求めるケースもあるみたいですけど、女性のほうが性交渉に関してはリスクが高いですよね。セラピストの定期検査必須をうたっているお店ばかりとはいえ、性病のリスクはある。あとは、セラピストにガチ恋……女風用語だと〝沼って〟しまう人は少なくないです。ホストクラブや女風についての情報交換が行われている掲示板を見ていても、『それ、男女逆ならクソ客と呼ばれるやつでは？』という話はよく飛び交っています。自分も〝クソ客〟になるかもしれないという怖さもあります。お金を払っているにしても搾取になってしまう一面もある。『なにを売ってるのか？』『なにを買っているのか？』はしっかり意識していたいですね」

どこまでもストイックなミユキさんだが、実は最近『売り買いしているもの以外のやりとり』をしてしまった。推しのおねだりに応じて、ニンテンドースイッチをあげたのだ。

「値段的には別にいいんですけど、相手のためにならないんじゃないか……とか悩んでたんですよ。でも結局、あげちゃいました（笑）。女風って一部の人気セラピスト以外は、儲かる仕事ではないと思うんです。だって、二時間2万円だとして、彼に入るのはその約半分。『病気のリスク込みでそれ？』と思っちゃって。それに、〝おねだりされる〟って、悪い気分じゃなかったんです。10歳以上年の離れた相手が『うれしい！ ポケモンたくさんやるね！』ってめちゃくちゃ喜んでくれて。それが逆にちょっとつらくなって、帰り道少し泣いちゃいました。情緒が安定してないですね……」

女性用風俗を通じて、これまで知らなかったいろいろな自分に出会い続けているミユキさん。クリスマスには朝までセラピストと一緒にいられる「お泊まりプラン5万円」（※ホテル代別）を利用するそうだ。幸せな聖夜になりますように。

◆　◆　◆

ミユキさんにここまでの取材をしたのが、二〇一九年十二月のこと。

掲載時は非常に多くの反響があり、私の元にも「女風を利用してみようと背中を押された」といった感想がちらほらと届いた。その後ミユキさんと推しセラピストとの関係はどうなったのだろうか？

連絡を取ってみると、なんとすでに推しセラピストは退店してしまったと教えてくれた。

新型コロナウイルスの感染拡大が騒がれ始めた二〇二〇年三月までは指名を続けていたが、緊急事態宣言後はしばらく休んでいたところ、夏頃に退店するという連絡が来たのだそうだ。

「理由を詳しく聞いたわけではないのですが、コロナで指名数が減ったのを機に、昼に別の仕事を見つけて、そちらに専念するようでした。女性向け風俗って、男性向けほどセラピストの若さが重視されていなくて、同年代が落ち着くって女性も多いから30代の人気セラピストもたくさんいるけれど、彼はこの仕事自体を長くやろうとは思ってなかったようです」

折しも、感染者数が落ち着いてきているタイミング。卒業前に一回だけ、ミユキさんは彼を指名した。「オタク的にはやっぱり〝推しの卒業〟イベントはちゃんとやっておきたい気持ちもあった」とミユキさんは振り返る。最初の指名でも利用したバリアンを予約して、一二〇分コースを受けた。

「泣いちゃう人もいたらしいんですけど、私は泣くことはなかったです。さすがにガチ恋する年齢でもないですからね。最後に一応『私はいいお客さんだった？』と聞いたら『そうだね』と答えてくれました。営業トークだとは思いますが、今後の指名につながらなくてもその言葉をくれたのが、一番うれしかったです。寂しくはありましたけど、だからといってそれが大きくメンタルに影響することもなく、日常に戻ることができました。SNSや掲示板では、セラピストと客が泥沼になって炎上するケースも見かけます。ホテル代も含めて総額100万円以上は使ったと思いますけど、私は運がよかったのかもしれませんね」

女風を卒業した今、現実の異性へのスタンスはどうなっただろうか？　聞いてみると、マッチングアプリの利用を再開したという。

「セックスはまだ少し怖いですが、推しとPDCAを回しまくった結果（笑）、『どの角度で挿れたら痛くないのか』がなんとなくつかめた気がするんです。元恋人や元夫の場合『好きだからこそ』遠慮して言い出せなかったことが、『この人は仕事でやってるんだから！』とここが痛いとかこっちがいいとかを言葉にできたんです。あ、挿れていたのバイブですよ、そこは誤解のないように。世の中には『風俗に行ってセックスへの恐怖が減った』っていう男性の声も多いじゃないですか。それは女性でも同じことなんじゃないかと思うんです。主語が大きいかもしれませんが」

性的なサービスへの課金というと、〝欲望〟と単純にくくられやすい。しかし、シンプルな言葉の裏側には、人の数だけ事情がある。折り合いの付け方も人それぞれだ。ミユキさんの話を聞いて、私も、自分の欲望をもっと解体してみたくなった。

# 第2章 社会でもがく女たち

Case

# 06

# 慰謝料80万円、新卒一人きりのパワハラ訴訟

ノリエ(24歳)

働いている会社で新卒採用が始まった。創業数年のITベンチャーなので、これまではすべて経験者採用だったのだが、さらなる拡大のための戦略らしい。選考の設計から入社後のオリエンテーションまで、担当する同僚たちが頭をひねって進めている様子を見て、そういえば自分も社会に出てから八年も経つのか……と気づいた。

大学四年になっても進路が迷走するなか、Twitter経由で会いに行った新興ウェブメディア企業の社長から、「え、じゃあうち入りなよ。今年から働いてよ」と言われて内定をもらった二〇一二年春。安堵したのもつかの間、「即戦力の編集人材が欲しかった会社」と「バイト程度の社会人経験と、並のポテンシャルしか持っていない自分」の間に大幅なギャップが

あることが発覚し、烈火のごとく怒られる毎日を過ごすことになった。急に切り下げられる給料、経験者の同僚と比較して発せられる罵倒……富や名誉よりも〝やりがい〟を求めて飛び込んだ先での、泥沼の日々だった。

当時の思い出が蘇る二〇二〇年春、TwitterのDMに「新卒で入った会社から不当に解雇されたが、自分で訴訟し、慰謝料を得た話を聞いて欲しい」という連絡が舞い込んだ。自分はやりがいの〝沼〟に身をゆだねて数年やり過ごし、後から「あれってやっぱりおかしかったんじゃないの?」と思い始めた人間なので、訴訟をして戦ったという話には驚かされた。現在は別の会社で楽しく働いているというノリエさん(24歳)に、話を聞いた。

## 会社見学のつもりが即採用

東京の美大に通っていたノリエさんが、九州にあるインターネット広告の代理店Zから内定をもらったのは、二〇一八年四月のこと。二〇一八年三月の大学卒業時点で東京の別企業から内定を得ていたが、家庭の事情で地元に帰らざるを得なくなり、たどり着いたのが、その会社だった。

「ちゃんとした就活の時期は終わってからの再就活だったので、難航するかなと思っていたのですが、Ｚの社長は、会社見学のつもりでオフィスに行ったその日に『うちで働いて欲しい』と言ってくれて。こざっぱりした印象の職場で、挨拶した社員さんたちも感じがよくて、ここならいいかなあ……と思いました」

大学ではデザインの勉強をしていたものの企画を立てたり案件を進行したりという、ビジネスサイドの仕事ができる場所を探していたノリエさん。Ｚは他社の案件を受けるだけではなく、自社で、社員が立ち上げた飲食店の事業を持っており、「企業やサービスのブランディングに関わりたい」というノリエさんの希望がかないそうなのも魅力だった。

二十人ほどの社員の上に立っていたのが、Ｚの創業者であり、ノリエさんを即採用した張本人でもある50代の社長だった。

「私って、ハキハキとしゃべる物怖じしない性格なのですが、そこが気に入られたみたいです。こちらも、明るくポジティブで人当たりがいい社長だな、と好印象を持っていました。なので、即採用と言われたときも違和感はなかったんです。東京で内定をもらっていた会社は『広告の仕事は最高！　キラキラ！』というノリで、正直テンション合わないかもな……と思っていたのもあって、前向きに内定を受けることにしました。雇用条件なども細かくは確認せずに……」

月収は額面で20万円。基本給が15万円で、みなし残業代が５万円ついており、労働時間はフレックスタイム制。ノリエさんによれば、これはデザイン系の業界ではスタンダードなものだという。福利厚生についての記載もあり、「正社員」としての採用。ゴールデンウィーク明けからZで働き始めたノリエさんには、十月末までの六ヵ月が試用期間として当てられた。「アシスタントディレクター」という肩書で、新規事業のためのリサーチや競合マーケティングなどの業務を任された。

「入社当初からデザイナーのスケジュール管理や交渉をするだけではなく、自分の興味関心に合わせた仕事をやらせてもらえて、とてもうれしかったです。ディレクターでチームを組めるほど人がいなかったので、社長直下になりましたが、最初は問題なく働いていました」

## 「フレックス利用事件」を境に状況が一変

しかし、入社して半月くらい経ったころから、雰囲気がおかしくなった。

「その日は、定時より一、二時間早く上がりたいと思ったんです。体調を崩してしまったので、帰りに病院に寄りたいと思ったんですよね。契約書にもフレックスタイムと記載されていました。でも、社長に声をかけたら、激怒されてしまいまして……」

「試用期間なのにフレックスを利用するのはありえない！」というのが社長の主張だった。

「病院に行きたいなら昼の休憩のうちに近くの病院に行くべきだった、本当にありえない、と罵倒されました。かなりショックでしたね。みんなの面前でしたし……。結局『もういいよ、行きなよ』と突き放されて、早上がりしたのですが、そこから目をつけられるようになってしまいました」


ここから、ノリエさんの立場は大きく変化する。

「人と仲良くしていく気がない」「君に合う人はこの世界にほとんどいない」「人間関係をうまくやっていけない人ならどこでもやっていけない」……フレックス利用事件以降、社長はノリエさんの人間性への叱責を、毎日のように繰り返すようになったのだ。もともとはノリエさんのさっぱりした性格を評価していたのに、だ。

「私は新卒ですし、仕事を学びたいので、自分では周囲とコミュニケーションをとってるつもりでした。それでも人とベタベタするのが苦手なタイプだし、自分の時間も大切にしたいので、ランチは一人で食べることもあるし、急に決まった飲み会を断ることもあったんですね。同僚たちを見ていても私だけ浮いているということもなかったんですが、豹変してからの社長には、忌々しく映ったようです」

それでも仕事内容は楽しく、成果そのものに不備を指摘されることもなかった。会社としても前例のない業務をコツコツ勉強しながらこなしていたのだが、九月の頭に事件は起きた。社長室に呼び出され、「このままじゃ更新できないよ」と言われたのだ。ショックを受けたが、「この社長とはやっていけないだろうな……」と思っていたノリエさんは、宣告にうなずいてしまう。正社員雇用なら「更新」という言葉はおかしいが、そんなことに気づく余裕もなかった。

「たしかに試用期間があるのは承知していましたし、毎日責められて、冷静な判断ができなくなっていたのだと思います。『解雇通知書を今度渡す』と聞いて、帰宅しました」

解雇を受け入れようとしていたノリエさん。そこでストップをかけたのが、同居していた母親だった。実はノリエさんが採用された時点で、ウェブサイトに掲載されている社長の写真にうさんくささを感じていたのだという。

「母が、『業務そのものに不備がないのにそんな扱いを受けるのはおかしい』と言ってくれて。『とにかく一度労基に電話したら？』と提案してくれました」

困ったら労基、と頭にはあっても、実際に連絡した経験者は少ないのではないだろうか。

「電話してから知ったのですが、労働基準監督署って、明確に法令違反があるときに対処をする機関で、『会社が悪いんじゃないかと思うことがあったんだけどどうすればいい？』といった労働者からの相談にすべて対応しているわけではないんですよね。給与未払いとか残業時間オーバーとかなら労基でいいらしいんですが、行為や事実の正当性を判断するような必要がある場合や、ハラスメント事案などは、労基では対応できないらしくて……。労働者の相談に乗って労働トラブルを解決するのは、その上にある労働局のほうだと電話で教えてもらい、社長から解雇通知書を受け取る前に、直接行ってみました」

## 一人で資料をつくり、一人で訴訟へ

「これ、お金がとれる案件だと思いますよ」

労働局に行ったノリエさんを待っていたのは、局員からの前向きな言葉だった。

労働局には、企業と労働者の間に入ってあっせんを行う機能があり、社長の対応を「不当解雇」ととらえて慰謝料を請求すれば、会社が拒否した場合でも、労働局のあっせんを通じて慰謝料の交渉をすることができるそうだ。局員に念を押された「通知書をもらう際のやりとりを録音しておくように」と「通知書にハンコを押したり、やめる気があると言ってはいけない」を胸に、解雇通知書の受け取りに臨んだ。書面上、解雇理由には「態度がふてぶてしい」と書いてあった。誰が見てもめちゃくちゃな理由だ。

「自分のなかでは真面目に仕事をやってきたつもりだったのに、こういう仕打ちを受けるのかと、改めて呆然としましたよね」

通知書を受け取った時点で、ノリエさんのほうも社長への嫌悪感がつのっていた。通知書は受け取ったまま体調不良で休職に入ることになった。

ノリエさんは、労働局でのアドバイスに従い、行動をとっていった。

まずは、（1）退職勧奨拒否通知書を出す。ノリエさんの立場としては「解雇にあたる理由」がないわけだから、解雇通知書に意味はない。相手がしているのは「退職勧奨」で、ノリエさんにやめる気がない限りは会社にいることができる……というロジックになる。そこでやめる気がないことをはっきりと示す必要があるのだ。

そして、（2）慰謝料の申し立て。しかし会社からしてみれば、これは「正当な解雇」で、通知書を渡した時点で、解雇の流れは進んでいる。そこで会社から給料が払われなくなり、「もう解雇したから」という態度をとられたところで、「不当解雇」を主張し、慰謝料の請求を申し立てることとなる。ノリエさんの場合、額面20万円の給与五ヵ月分という計算で、100万円を請求した。

さらに、（3）労働局によるあっせん手続き。（1）（2）までは、会社と個人の間でまずやりとりし、交渉が決裂した場合に、労働局が介入する……という原則になっている。Zの社長は「慰謝料を払う気はない」という回答をしてきたため、ノリエさんはあっせんをお願いすることに。期日に労働局に行って、局内の弁護士に双方が入れ替わりで会い、言い分を話して、落とし所を探すことになった。

最後に、（4）労働審判。労働局が入ってくれればもう安心！　と思うところだが、事態はそう簡単ではない。というのも、あっせんには強制力はなく、労働局が当事者を従わせることができないためだ。ノリエさんの場合、あっせんに至っても社長が「絶対慰謝料なんて払わない！」と断固拒否したため、完全に決裂。裁判の一種である労働審判へと移行した。

労働審判は、労働者と事業主の間で起きた問題を、スムーズに解決することを目的とした制度だ。裁判官によって法的拘束力のある判決が出されるが、弁護士をつけるのは必須ではない。ノリエさんは費用を安くおさえたいのもあり、自分自身で訴訟に臨むことにした。細かな証拠資料や法的書面を準備せねばならずそれなりに大変だったが、地域の弁護士会の無料相談を利用できたので、アドバイスを受けながら、コツコツと資料を用意した。

「勤務中日誌をつけていたので、それをもとにハラスメントにあたるだろう相手の発言を思い出してリストをつくったりしましたね。解雇通知書をもらった日の録音データの文字起こしも自分でやりました。あれはかなりきつかった……」

# 勝訴が「成功体験」に

ストレスに耐えながら準備を進め、迎えた審判期日。

相手は三人も弁護士を雇い、「本当は契約社員として雇ったつもりだ」「解雇ではなく雇い止めに過ぎない」などの主張を繰り出してきた。しかし、正当に解雇できるという証拠のつもりで出した就業規則が、最近慌てて定められたものだったことが発覚するなど、ボロが出る場面も多く、裁判官も「ノリエさんの主張の筋が通ってると思いますよ」と呆れる展開に。結局、会社側に慰謝料80万円の支払いを命じる判決がくだされた。ノリエさんが無事、勝訴したのだ。

「社会経験ゼロのなかで起きた事件で、本当につらかったですが、一生懸命勉強したおかげで、知識をインプットして立ち向かえば、なんとかなるという成功体験になりました。この80万円で、まずは家族に高い寿司をおごりました。祝勝会ですね。無職の間家族にお金を借りていたので、それも返して……。残ったお金は、年末に海外旅行に行くのに使いました！」

ノリエさんが次の会社に再就職したのは、二〇一九年二月末。裁判準備と並行しての就職活動だった。

「再就職の際に気をつけていたのは、契約書の内容です。特に試用期間とその後の扱いに関して齟齬がないかはしっかり確認しました。また、面接時に『ルーティン作業が苦手ですが情報のリサーチは得意です』など自分のできないことやできることを素直に明示するようにしました。入ってから揉めるほうが体力を使うと実感したので……」

身にしみたのは、「世の中のルールは、知っていれば知っているほど自分を助けてくれる」ということだ。

「今の会社も小さい会社なので、たまにモヤモヤすることはあります。そんなときも『いざとなれば相談できる人もいるし、なによりこの経験があるから大丈夫』という自信があるので、楽しく働けていますね。年上の社会人って、みんなしっかりして見えるじゃないですか。でも本当にそんなことなくて。『こんな連絡ある?』『普通そんなこと言う?』ということはザラにある。法律や行政などを、自分にはなんとなく関係ないし……と切り離さずに、いざとなったら頼れるようにしておくのは本当に大事なことだと思います」

・
・
・

本書のため久しぶりに連絡をとったノリエさんは、なんとさらに次の転職を考えていると教えてくれた。コロナ禍で在宅ワークが始まり、考える時間が増えたり職場や現状の自身のキャリアの問題点が見えたりするなかで、徐々に「転職すべきだ」という気持ちが高まったそうだ。

「色々対応をしなければいけない仕事が理不尽に発生し……感情が爆発して大泣きしたときに『せっかくなら気合入れて再上京しよう』と思い至りました」

Zとのトラブルから時が経ったことで、さらに考えたことはあるだろうか?

「やはり今の会社でも『それぐらい暗黙の了解で』『今はこういうこと言うと怒られるから』みたいな言い回しは、多々耳にします。だからこそ今もこれからも目上の人間に対してはおかしいことはおかしいと伝えるようになりました。後輩に対しては、相手に理不尽さを押しつけてしまわないように自分にできることがないかを意識しています」

やりがいゆえに選んだ最初の居場所で一瞬溺れそうになりながらも、もがいて脱出したノリエさん。自分の向かうべき道を模索するだけでなく、周囲の働き方にも気を配る姿勢が、どこまでも頼もしかった。

Case

# 07

# 都民税が払えなくても、彼女は天職探しを諦めない

マホ（40歳）

二〇一九年秋、ロンドンに一ヵ月の短期留学をしてきた。

正直「旅行」に毛が生えたような長さだし大して英語力が上がったわけではない。それでも「30歳になっても新しいことは始められるし、楽しい」と思えた、いい機会だった。

実はこのきっかけは、会社に、難易度の高い通訳養成スクールで英語学習をしている女性がいると知ったことだった。過去留学経験もあるという彼女と話すうちに語学留学に興味を持ち、渡航時にもいろいろアドバイスをもらった。二〇一八年に同じ会社に入ってきたマホさん（40歳）だ。知識欲旺盛で業務でも有能ぶりを発揮している彼女だが、これまでの人生のほとんどを非正規雇用で働いてきて、経済的に困窮した期間もあったという。

「私、本当に行き当たりばったりだから。ここまでに転職八回してるし、都民税が払えなくなったこともあるからね」

ひょうひょうとしたマホさんにそんな時代があったとは。お願いして、マホさんの社会人人生を取材させてもらった。

## ノーフューチャー

マホさんは、とある国立大学の文系学科出身。日本で育ったが、子どものころから海外への憧れがあった。通っている大学に無償の交換留学プログラムができたときは、一も二もなく申し込んだ。当時マホさんの家は荒れていて、兄弟と親がずっと喧嘩しており、マホさんにとってはそれがストレスだったとも振り返る。

「目の前の嫌なことから逃れるのに必死で、将来のこととか考えられなかったですね。ノーフューチャーな感じ。とにかく遠くに行けて、しかもアメリカで、それを満喫していました。一緒に行った友達が日本の就活サイトに登録したりして、地道に頑張ってるのは気づいてたんですが、なんの危機感もなかったですね……」

日本に戻ってきたマホさんは、留年して五年生に。就活はいっこうにうまくいかなかったが、危機感はほとんどなかった。卒業年度となる二〇〇三年は、大卒の就職率が日本史上最低の55・1％となった年だったのだ。周りにも就職ができなかった学生が多かった。

「そのなかでも私だけ『就活って朝何時から始まるの？』みたいなレベルだったので、周りから『マホ、マジでやべえよ』と心配されてました。結局在学中に内定がもらえずに卒業して、派遣会社に登録し、コンピュータソフトの会社で事務員をやることになりました」

時給１２００円で、交通費も自己負担。手取りでは20万円を切っていたが、会社の居心地はそれほど悪くなかった。

「社長がまじめな人で、『うちではそんなに長く雇えないから、早めにやりたいことを見つけたほうがいいよ』とアドバイスしてくれたんですよね。そこで初めて、『私のやりたいことってなんだろう？』と考え、本をつくりたいかもと漠然と思うようになりました」

## 〝やりたいこと〟と〝お金〟の狭間で

二〇〇〇年代半ばといえば、日本におけるブログサービスの隆盛期。マホさんも、友達に向けた個人ブログをやっていたのだが、これが好評で、周囲からも「文章おもしろいから出版の仕事したら？」などと言われることがあったのだという。関心を持ったマホさんは友達づてで、出版社でのバイトの口を見つける。しかし、支払い金額もスケジュールも適当なもので、そんなに簡単には稼げない現実を知った。いつか出版業界に戻ることも考えつつ、ひとまずは英語を生かして、貿易事務の仕事にたどりつく。時給1700円で交通費も出たので、暮らしは格段に楽になった。

「派遣って交通費出ないところが多くて、それが地味に痛手なんですよ。ただこの職場は、新入りを手あたり次第にいじめ倒すお局がいて、交通費を出さないと誰も来なくなるというのが内情だったんです（笑）。待遇はよかったんですけど、お局には嫌味をぶつぶつ言われ、出向のおじさんにセクハラをされ、社員には不倫を持ちかけられ、女性だけ制服を着ないといけなくて……半年ほど働いたときに編集プロダクションでの仕事が見つかり、やめることにしました」

一瞬夢がかなったかのように見えたマホさん。しかし、この後、〝やりたいこと〟と〝お金〟の狭間で、七転八倒の社会人人生が始まることとなる。

まずマホさんを襲ったのが、編集プロダクションでのハラスメントだった。

「当時の私はやりたいことはあるものの、自分に自信がなくて、おどおどしていたんです。それがカンにさわったんでしょうね。友人との死別など、プライベートでの不幸が重なって、私の状態がよくなかったのもあります。『あんたなんてどこ行ってもうまくいかない』といった言葉で毎日怒られ続けて……。結局一年経ったところで、やめて欲しいと言われてしまいました。20代後半になり、フラフラしていた他の同級生も定職につき始めたタイミングで、さすがに私も安定を選ぶべきかなと思うようになりました」

世間では、景気も回復しつつあった。マホさんは専門商社での正社員職にありついた。年収は300万円。十二分割ではなく十六分割、一部はボーナスとして支払われるルールだったので、生活はそれほど楽ではなかった。「多分、会社の給与レンジはもっと高かった」とマホさんは言う。

「私はそれまでずっと非正規だったので、入社時に給与交渉をしなかったんです。あとで当時の同僚に給与額を聞いて、すごく後悔しました（笑）。とはいえ、それなりに大きい会社なので、仕事の評価システムもしっかりあり、周りの人もやさしくて、自己肯定感が高まっていきました」

しかしその後リーマンショックが起こった。未曾有の世界同時不況のなか、マホさんの会社は、社員半分を自宅待機させるという策をとった。ようは、「退職勧奨」だ。

「私は幸いにもその対象にならなかったんだけど、そこで、正社員になったって安定はないという、すごく当たり前の事実に気づきました。元々『正社員になるというのは、やりたくないことをやることだ』という無意識な刷り込みもあり。『安定すらできないなら、やっぱりやりたいことをやろう!!』と、二〇一〇年、ちょうど30歳で会社をやめることにしました。さすがに、何度も考え直しすぎですよね（笑）。でも、今度こそ出版社に入りたいからツテをつくろうと、無職になって、ライタースクールに通うことにしました」

ライタースクールの頻度は週一回。周囲からは「社員やりながらでもできるでしょ？」と止められたが、マホさんは一本気だった。退職金の100万円と、週六で販売と飲食店のアルバイトを掛け持ちした稼ぎでほそぼそと食いつなぎながら、学校へ通った。

## なにがやりたいかわからない日々

マホさんが再び職を得るのは、二〇一一年の四月。31歳のときだ。ライタースクールで登壇した講師がマホさんを気に入り、経営する編集プロダクションの業務委託で雇ってくれたのだ。フルタイムで事務所に通う契約で、仕事量にかかわらず月20万円はもらえた。

「ビジネス系出版社から発注を受けている会社で、ビジネスマン向けの自己啓発本をたくさんつくりました。ちょうどみんながガラケーからスマホに変える時期で『ビジネスでスマホを活用する本』というアイデアを出したらすぐに企画が通って、やらせてもらえたのも楽しかったですね」

社長との折り合いもよかったが、楽しい日々は長くは続かなかった。ときが経つにつれて、会社が受ける案件が変質していったのだ。

「正直、スマホ活用本をつくりながらも、『もしかしてこの先、紙媒体ってやばいんじゃないのかな』とは思い始めていたんです。みんなもっとインターネットで情報を得ていくんだろうなと。そう思っていたら実際にうちの編プロにはまっとうな仕事があまり来なくなり……。やめようか続けようかと揺れていたんですが、社長からは待てと止められ、やっと仕事が来始めたら、怪しいビジネス本や似非《えせ》科学と思しき本でした」

マホさんが任せられたのは、とあるネットワークビジネス系企業の会員向け雑誌の読み物ページ。掲載テーマはあらかじめ決まっており「アルミホイルはアルツハイマーになる可能性がある」や「シャンプーの成分は体に悪い」といった、あやしい科学情報を記事にまとめ、企業の販売している製品の安全性をアピールするというたてつけだった。

「どうにか自分なりにエビデンスをチェックしようとしても、根拠のない記事しか出てこないし、それを社長に言っても聞いてくれないし。自分はなんのために〝やりたいこと〟を頑張ろうと思ったんだっけ……と考えたら、なにもわからなくなってしまいました」

　ある日の退勤時マホさんは、疲れとストレスから転倒し、派手に怪我をしてしまう。翌日、予定していた取材に行けなくなったマホさんは、そのまま社長に「やめる」と伝えた。時は、二〇一二年二月。怪我の具合が悪く二ヵ月は松葉杖が手放せず、仕事も探せなかった。

「このときはもう実家を出ていて。親に泣きついて30万円は送ってもらったのですが、治療費で使い切りました。親の懐事情を考えても、返してないのにもう一回借りるのは厳しくて……。精神的に参っていたのもあり、仕事をすぐに探すのではなく、職業訓練校に行くことを思いつきました」

## 困窮からの起死回生

　職業訓練校は、マホさんのようにほとんど非正規雇用でキャリアを形成してきた人などを含めて、無料でさまざまな技能の講座を提供している。授業料がかからないだけではなく、給付金がもらえる場合もあり、失業保険が受け取れない人のセーフティネットともなっている。紙からウェブへの移行に関心があったマホさんは、ウェブデザインの訓練を受けた。

「私の場合、学校に通っている間は月10万円はもらえました。このときはすでに今の配偶者と住んでいたのですが、彼は彼で手取り15万円とかだったので本当に厳しかったですね……。バイトをすることも考えましたが、学校に必死でそんな余裕はなく」

マホさんがもっとも困窮したのは、職業訓練校を卒業した後。職業訓練受講給付金はとぎれたが、すぐに就職が決まらず、生活費の支払いがままならない状況になった。

「その前の年の都民税の支払通知が来てたんですが、一回分にすると2万7000円くらいだったんですよ。でもそれがどうしても払えなくて……何度も督促状が来ました」

進退窮まったマホさんは、商工会議所にすがった。自宅の郵便受けに「生活に困ってる人の相談にのります」というチラシが入っており、調べると、無利子で20万円を借りられる支援制度があったのだ。

「最後の頼みと思って借りに行ったんですが、結局ダメでした。『もうちょっとすれば仕事が見つかって払えるんじゃないの？　もっと貸さなきゃいけない人がたくさんいるし、これは借金なんだから結局返さないといけないんだよ』と何度も言われて、結局借りるのはやめて、その日帰宅したところに、幸運にも派遣で仕事が決まって、一命をとりとめました」

仕事で身につけた編集スキル、貿易事務の経験と、学校で得たウェブデザインのスキルを持ったマホさんだったが、やってくる派遣仕事の条件自体は、以前と変わらなかった。時給は相変わらず1500〜1700円。ただ、マホさん本人のマインドは少し変わった。〝やりたいこと〟よりも〝得意なこと〟で仕事を探そうと考え始めたのだ。見つけたのは、アート系のウェブサイトの編集職だった。

「楽しんで働けたものの、私は他の編集やライターと違い、自分を売り込むのがすごく苦手で、いろんな人に会うのも疲れることに気づきました。一方、編集者として雇われた別の派遣先で、バナーやパンフレットのデザインをどんどん振られたんですよ。一瞬『転向もありかな？』と思いましたが、それっぽいデザインを真似するのはうまかったものの独自のデザインが生み出せず……能力の限界を感じました。そうした経験を通じて、私が30代半ばまでやりたいと思ってた大体のこと、やってみたら気が済んだなと気づきました」

## やっと見つけた「適職」

マホさんがようやく自分の適性に合った仕事を見つけたと感じられたのは、二〇一五年。35歳のときのことだ。「大手インターネット関連企業の派遣案件があります。派遣ですが、年収は正社員と同じレベルです。どうですか？」と、過去に登録していた外資系の人材派遣会社から電話をもらったのだ。

「会社名を聞いてさすがに高望みじゃないかなと不安だったものの、挑戦してみたら面接に通りまして。英語を相当使う仕事で、本当に大変でしたが……」

仕事内容は、社内のカスタマーサービスサイトの編集。つまり、カスタマーサポートをする人たちが業務中に使う、各サービスの取扱説明書を随時更新し、新しいサービスが始まればその説明書を作成し、サイトにあげていくという仕事だ。事務的でこまごました業務に思えるが、これがマホさんの性に合っていた。

「今まで、おもしろい情報を世の中に伝えるのが、人の役に立つし、自分はそれが好きなんだと思ってたんですよ。でも、役に立つ情報って世の中にいろんな種類があって、出版業界にこだわらなくてもいいんだよなと、その派遣業務でやっと知ることができたんです。給料にも満足で、初めて『いい！』と思えましたし（笑）」

そうして〝やりたいこと〟と〝得意なこと〟の両方を適度にかねそなえた領域を見つけたマホさんは私と同じ会社に入社し、前職の経験を生かしてカスタマーサポートの仕事についた。正社員で、通訳スクールやダンスレッスンに通う時間とお金の余裕も得られた。

「自分の人生をもう一度やり直せるなら、30歳でまた会社をやめると思いますか？」と尋ねると、40歳のマホさんはこう答えてくれた。

「当時いた専門商社でまだ働いている同期から、『やめなければマホも海外駐在にも行けたのに～』と言われたこともあります。しかし、それを聞いても全然後悔していない自分がいました。たしかに都民税の督促状が来たときは困りましたけど、〝やりたいこと〟を求めて回り道をしたから見えたものも多いです」

## どんな会社も「絶対」はあり得ない

当然、全員にはすすめられない生き方だ、とマホさんは念を押す。

「ただ、なにが幸せかは人それぞれ。私の場合、周りが安定を求めてるからといって自分もそれを求めれば幸せなのか？　というとそうでもなかったってことですね。もし自分が、周りに倣って同じように就職して、なにも考えずにそのまま居続けていたら、歳をとってから『あれ？』と思ったんじゃないかな」

一度非正規雇用になると、そこから待遇を上げるのが難しいのも事実。マホさんが強調するのは「とにかくエージェントにたくさん登録するのと、派遣で仕事を受ける場合にも、できるだけ大きい企業に行っておくと、後で評価される」ということだ。

「私の場合、やりたいこともお金も、どちらも過度に意識がなくなったというか、手放してみた後に、ちょうどよくなった気がします。やりたいことを追った時代と、お金を追った時代どちらもあったから、今に行き着けたのかなあと」

これに加えマホさんには、「どんな仕事でも、関連する勉強を欠かさずにする」という習慣があった。その点と点が線になって、次の道へつながったのは間違いないだろう。

時代の波に翻弄されてしまった恨みはないだろうか？

「私の世代だと就職氷河期のせいでずっと非正規だという声はよく聞きますし、まあそれは事実だろうとも思います。ただ、時代のせいにしてフリーズしちゃったら時代の犠牲者になって統計の数字になって終わるしかない。自分の畑にどんどん生えてくる雑草をそのままにするのと、それでも刈ろうと頑張るのとでは、自分の人生という畑の主導権が変わるような気がします。それでも水害で一切収穫なし、もあるのが人生ですが……」

たくさんの会社を見たことで、職場を客観的に見れるようになったのもよかったと言う。

「どんな会社も〝絶対〟じゃないんですよね。会社に頼るつもりはもうまったくないし、もし明日リーマンショックになって会社がつぶれますと言われても生きていける、と思ってますね」

マホさんはその後、私の勤める会社を退職し、外資系企業に転職した。通訳養成スクールに通ううちに、本当に通訳を目指したいと思うようになったためだ。

「通訳養成スクールには単に英語力をあげようと思って通っていたんですが、行っているうちに、ちゃんとやりたくなってしまって。ひらりささんと同じ会社にいたときに比べるとワークライフバランスは崩れましたし、怒濤の忙しさで毎日頭がぐるぐるしてますが、楽しくやっています。リアルなギャンブルはやらないんですけど、たぶん、ギャンブル依存症的な性格なのだと思います、今の自分ではちょっとできないかもみたいなギリギリ感のあるなかに常に挑戦してないと気が済まないのかもしれない……」

・・・

年齢に囚われずに人生のルーレットを回し続けるマホさん。彼女が出会う次の目は、はたしてどんなものになるのか、とても楽しみだ。

Case

# 08

# 給料未払いで破産、有名エステの元スタッフに施術される

タエ（43歳）

所属しているユニット・劇団雌猫の書籍に、『だから私はメイクする』（柏書房）というエッセイ集がある。生き方も立場も異なる女性たちに、その人がお洒落する理由を匿名でつづってもらった本だ。二〇一八年三月に発売した同書は重版、コミカライズ（祥伝社）も実現。女性たちにとっていかに〝美〟が大きなテーマかを再確認した。

本作をつくろうと提案したのはまさに私なのだが、それは他人からだいぶ遅れて美意識が芽生え出したからだった。ゆえに、未知の世界として遠巻きにながめつつ様子をうかがっていた美容ジャンルがある。「エステ」だ。

発端は、周囲から、あるエステサロンの話を聞いたことだった。株式会社アキュートリリー

が二〇一四年に設立した「HS BODY DESIGN」――通称・白鳥エステだ。ちょうど周囲で通っているという友達の話を聞いたのと、50代の母親が、会社の同僚からすすめられて通い始めたのがここだった。他社の施術相場が一時間1万円のところ、なんと一時間3000円ほどで、機器を使わずオールハンドでのサービスが受けられるのだという。母は当時ジュニアスタッフだったある女性の人柄がとても気に入り、毎月一回、いつも楽しそうに白鳥エステに通っていた。名前をタエさんという。

「タエさんは聞き上手で、とても感じがいいトーンで話すんだよ。施術してもらえるだけじゃなくて、日ごろの愚痴を聞いてもらって心身ともに癒やされるところが気に入ってて、私のカウンセラー的な存在だなあ」

SNSでも「大好きな白鳥エステの特別コースを受けてきたよ」というインフルエンサーの投稿が目についていた。仕事が落ち着いてきたら母に紹介してもらって行こうかなあと思っていたところ、二〇一九年夏、とんでもない事態が判明した。

スタッフへの給料遅配が深刻化していることが報道されたのだ。

〈白鳥エステで給料遅配や未払い　訴訟に発展か〉

自発的に通うのを控える人、未払いに耐えかねたスタッフの退職とともに他へ移る人、などの話がSNSで可視化されるなか母の担当であるタエさんもついに退職・独立することに。母はそちらへと移った。経営者である白鳥紘子氏が支払い計画の再考と改善を約束する文章を公開するなどの出来事もあったが、二〇一九年十月にアキュートリリーは破産。未払いの給与がありながら「私はやめません」とSNSで表明して働き続けていたスタッフは相当数おり、とても残念な結果に終わった。

## 母の推しスタッフに取材

騒動を受けて、「リーズナブルだと思って通っていたが、結果的にそれがエステティシャンの搾取につながっていたかもしれない」と落ち込んでいる友人も少なくなかった。私の母も、白鳥代表のブログを読んだり、元スタッフのTwitterをチェックしていたくらいだ。

私からすれば、行かないうちになくなってしまった白鳥エステ。この一件から「気づいたら搾取してるかもしれない不安」がもたらされたのもあって、それ以外のエステにも行けていなかったのだが……『だから私はメイクする』の展開が続き、美容にまつわるインタビューなどにも応じるなかで、「白鳥エステ」への興味はむしろ強まっていった。一体どんなサービスを受けることができたのだろうか？　騒動から時間が経って、当時のスタッフさんはどんな思いを抱いているのだろうか？　母親に相談したところ、騒動の渦中に独立したタエ

郵 便 は が き

料金受取人払郵便

小石川局承認

1063

差出有効期間
2022年9月9日
まで

112-8731

東京都文京区音羽二丁目
十二番二十一号

講談社

第一事業局企画部 行

★この本についてお気づきの点、ご感想などをお教え下さい。
(このハガキに記述していただく内容には、住所、氏名、年齢などの個人情報が含まれています。個人情報保護の観点から、ハガキは通常当出版部内のみで読ませていただきますが、この本の著者に回送することを許諾される場合は下記「許諾する」の欄を丸で囲んで下さい。

このハガキを著者に回送することを　許諾する　・　許諾しない)

TY 000069-2009

# 愛読者カード

今後の出版企画の参考にいたしたく存じます。ご記入のうえご投函ください（2022年9月9日までは切手不要です）。

| お買い上げいただいた書籍の題名 |
|---|
| |

a　ご住所　〒□□□-□□□□

b　お名前《ふりがな》

c　年齢（　　　）歳

d　性別　1 男性 2 女性

e　ご職業（複数可）　1 学生　2 教職員　3 公務員　4 会社員（事務系）　5 会社員（技術系）　6 エンジニア　7 会社役員　8 団体職員　9 団体役員　10 会社オーナー　11研究職　12 フリーランス　13 サービス業　14商工業　15自営業　16農林漁業　17主婦　18家事手伝い　19ボランティア　20 無職　21その他（　　　）

f　いつもご覧になるテレビ番組、ウェブサイト、ＳＮＳをお教えください。いくつでも。

g　最近おもしろかった本の書名をお教えください。いくつでも。

さんのサロンに引き続き通っており、紹介することができるという。

本格的なコロナ禍突入前の二〇二〇年三月上旬、白鳥エステの取材をしたい旨を伝えたうえで予約をいれ、コースを受けてきた。

タエさん（43歳）が個人で始めたのは、池袋駅東口徒歩五分圏内に位置するプライベートサロン。もともとHS BODY DESIGN池袋店に勤務しており、白鳥エステでタエさんを指名していたお客さんにも池袋が利便性がいい人が多かったため、池袋の物件にこだわったとのこと。エレベーターで階を上がり、部屋のチャイムを鳴らすと、白いユニフォームに身を包んだ彼女が柔和な笑顔でドアを開けてくれた。スタッフはタエさんだけ、ベッドは一台の、こぢんまりとしたサロンだ。

カーペットやカーテンなどは白で統一され、椅子やテーブルは木や籐《とう》でできたものが置かれている。マンションのワンルームとは思えないゆったりした雰囲気で、隅々までととのえられていた。

「インテリアをあれこれ見るのはもともと好きだったんです。雑誌やウェブサイトで研究して、シンプルでバランスのとれたものを置くようにしています」

施術をしながら話を聞くことになり、衣服を脱ぎ、ショーツ一枚に。全身をさらけだしていてそわそわするが、お店とタエさんの雰囲気に緊張を解きほぐされる。タエさんのサロンでは、六〇分6000円（税別）から施術を受けられる。白鳥エステよりは高いが、大手サロンに比べるとリーズナブルな価格帯だ。

## エステ業界に存在する「年齢制限」

使う精油を選び、ベッドに寝っ転がると「始めさせていただきます」という声かけとともに、タエさんによる施術がスタート。柔和な見た目を裏切り（?）、しっかりとした力でグイグイと手技を施してくれる。エステの経験がなさすぎて「なんだかオイルで肌をすべすべにしてくれるらしい」「リンパの流れがよくなって多分小顔になったり美脚になったりするらしい」というふんわりしたイメージしか持っていなかったのだが、それ以上に、コリがほぐれて気持ちいい！　うつ伏せから仰向けにひっくりかえったころにはすっかりまどろんで、後半はうたたねしてしまっていた。翌日、顔を見ると、すっぴんでも肌のトーンが明るくなり、目元もスッキリ。心身が驚くほど軽くなった。

納得の技術力を持つタエさんだが、エステティシャンとしてのキャリアを始めたのは、二

○一六年十一月に、白鳥エステに入ってから。見た目からは全然わからなかったのだが、高校生のお子さんがいるのだという。20代のころは観光バスガイドや接客サービス業に従事していたが、結婚を機に専業主婦へ。清掃員などいくつかのパートをやってみるなかで「もっと給与の高い仕事はないか」と思い、目にしたのが白鳥エステの求人だった。

「仕事を探している時点で40歳だった私にとって、年齢制限がなく時短勤務もOKだという白鳥エステの求人は本当に助かるものでした。専門スキルがあるわけではないこの年齢の主婦を採用するバイトって、それ以外だとあまりなくて……。時給も満足いくもので、働きながら専門スキルが身に付くのもよかったです」

日本では雇用対策法によって、年齢を理由にした応募拒否や不採用は禁止されている。しかし残念ながら現実には、年齢を理由にした不採用を慣習的に行っている企業も少なくはない。特にエステ・美容業界ではスタッフの見た目に重きを置く採用が行われており、30代半ば以上の女性はそれだけで対象外になってしまうことが多いのだという。このほか白鳥エステには男性スタッフやセクシュアル・マイノリティのスタッフなどもおり、既存のエステ業界では「外れ値」とされてしまうさまざまな人たちを受け入れる懐があったようだ。

# 常態化していた給与遅配

年齢の壁に苦しんだタエさんも、白鳥エステでは無事非常勤として採用。数時間の研修を経て、現場に出た。

「大手サロンだと、そもそもお客さんの前に出ない研修期間が数ヵ月〜一年くらいあるんですよ。結局実践が最大の練習になるなとも思いましたし、すぐに現場に出てお給料が発生するのも、働く側としてはありがたかったです。スタッフ同士での練習に励み、技術セミナーにこまめに出席して、何度もご指名いただけるスタッフになれるよう頑張りました」

白鳥エステは完全予約制のサロン。スタッフ全員がTwitterをやっていて、空きシフトやランクを見て、そのスタッフ個人にお客さんが直接予約を入れるというシステムになっていた。スタッフはお客さんの予約が入ると店舗のベッドをおさえ、当日お客さんが支払ったお金の半分ほどを月末に給料として受け取るという仕組みだ。お客さんに満足してもらえると、それが指名となって返ってくる。そのわかりやすい成果をタエさんは魅力と感じた。

「歩合制のエステチェーンだと、売上の三〜四割が給料というところも多いと聞いていました。非常勤に関して言えば、白鳥エステの給与システムはかなりよかったです」

しかし実のところ、給料遅配は、タエさんが働き始めた時点ですでに常態化していた。

「契約上給料は月末締めの翌月払いのはずなのですが、実際には、この翌月の給料日には10万円ほどが支払われて、一週間以上あとに残りが払われるという謎の慣例があると聞いていました。ちょっと不安だなとは思っていたのですが、私は勤務時間が少なく当初は月10万円をオーバーすることがなかったので、大丈夫だろうと思って働き続けていました。常勤スタッフは大変そうだなと見ていました」


そんなタエさんにも、苦難はやってきた。より長い時間働くようになった二〇一九年一月から、タエさんも遅配対象になってしまったのだ。まだ世間的には騒ぎになっていなかったが、実際に対象となったことで、タエさんの白鳥エステに対する印象はガラリと変わってしまう。

「まじめに働いたぶんのお金がなかなか受け取れないのって、ものすごいストレスなんだなと、自分がそうなって初めて気づきました。どんどん悪化して、最後の二〜三ヵ月は未払いの状態でした。芸能人の方もたくさん来るようになって、パッと見は調子いい感じだったんですが、危ない企業の常套句だよなという気配がありました」

指名客への遠慮からしばらくは耐えていたタエさん。しかしやがて限界を迎え、給料が払われるまで施術をしないストライキを敢行する。事前に伝えた際の社長の反応は『もうお客様と直接やり取りしないでください。あとはこちらが引き取ります』との返答のみで、その後も遅配体質は改善しなかった。

「今まで積み上げたものがゼロになってしまう恐怖もあり、かなり勇気が必要でしたが、家族や友人から背中を押されて、右も左もわからずやった感じでしたね。お客様には当然ご迷惑をおかけしましたが、それ以外に方法が思いつかなくて……」

## 融資を求められたスタッフも

ストライキを機に白鳥エステに見切りをつけたタエさんは退職を決意。大手エステサロンなどの面接も受けたが、最終的には個人での独立を選んだ。

「最後のほうは、他の同僚たちともかなり真剣に情報交換をしていました。未払い賃金についての集団訴訟の話なども出ていました。ただ、破産したことでストップしてしまったようで……。非常に残念です。スタッフは皆、技術もあり、お客様思いでした」

一部給与が支払われていたために「経営を改善する意思」があるとみなされて労基局なども積極的に介入できなかったのが白鳥エステ問題の根深いところとも言われている。

「私のように当時のお客様を連れて新しいサロンを始めた人は多いようです。他のサロンと違い、TwitterやLINEを通じて直接お客様と連絡できたのが、不幸中の幸いでした。レンタルサロンのベッドを借りて施術している方とか、同僚何人かでサロンを始めている方もいますね。いずれにしても、元スタッフであることは明かして、白鳥エステで習った技術で仕事をしている人は多い気がします。でも……やっぱり『働いていてよかった』とまで言い切れるかはわからないです。というのも給料未払いだけでなく、社内ツールを通じて会社への融資を求められ、応じてしまった人の話も複数聞きましたから」

タエさんが聞いた限りでは、〈一年間の分割返済、貸出額の20％にあたる金額の贈与を行う。返答は三時間まで〉という勧誘があったらしい。返答までのタイムリミットだけでも、言語道断の馬鹿らしい条件だ。実際、大きな額を投資してしまい倒産後も未回収の債権を抱えてしまったスタッフがいたそうだ。

「自分のお店を立ち上げるという経験を経たからこそ、元代表のしたことはあってはならないことだと思う気持ちがまだ残っています」

やむを得ない理由による独立だったが、後悔はしていないだろうか。

「ずっと身体を使った接客業をやってきて、施術は好きなのですが、頭を使う作業は苦手なので、お店の立ち上げであれこれ考えるのはつらかったですね。不動産を何件もまわったり、自分の足で探したり……。収支の計算なども自分でやらないといけなかったし、集客のためのウェブサイト制作やポスティングや、やることがいろいろあってパンクしそうでした。ただ、自分で思っていた以上に白鳥時代のお客様が来てくださったので、開業してからは大好きな施術に専念できてうれしいです。自分のさじ加減で自由が利きますし、勤務時間は大幅に減りました。他のエステサロンに移る形ではなく、独立してよかったなと思います」

・・・

二〇二一年夏、独立して二年が過ぎようとしているタエさんのサロン。取材時は白鳥エステから継続しているお客さんが多かったが、ＳＮＳでの評判などによって新規の予約が増え、今は半々ほど。枠がすぐに埋まる月も増えた。ただ、新型コロナウイルス感染症の拡大で、エステのような対面サービス業は、苦境を強いられている現状もある。

「緊急事態宣言での休業要請には毎度困っています。都内に星の数ほどあるエステ店から当店を選んでいただいて、予約を入れて実際お店に足を運んでもらう行為って、奇跡みたいなものなんです。そのいただいたご予約にキャンセルのご連絡をこちらから入れることがあるなんて……。大変申し訳なく、複雑な気持ちを抱えています。やりたいことをできる状況に早く戻って欲しいです」

私も、取材後からタエさんのサロンにお世話になっている。エステやマッサージに女性たちが通うのは、決して施術の効果のためだけではなく、施術者の技術や人柄に惹かれ、その人との会話や気遣いからもらえる元気や励ましもまた、大きな動機になっていることを知った。タエさんのサロンの場合はさらに、年上の女性が身ひとつで自分の〝城〟ともいえるサロンを築き上げている姿にも、その未来を見守りたくなるような力があると思う。タエさんの手技と生き様がグイグイと身体に与えてくれる気合に私も助けられている。

Case

# 09

# 憧れのロンドン留学を諦め、彼女は緊急帰国した

カオル（33歳）

二〇二〇年夏。新型コロナウイルス感染症による緊急事態宣言がたびたび発令され、事態の収束の目処は、いまだ立たない。私の会社では在宅勤務態勢が敷かれ、もう何ヵ月も同僚や知人に対面しない生活だ。

ニュースでは連日、様々な国・都市のパンデミック対策と新規感染者数が報じられている。私には、二〇一九年十一月にロンドンに語学留学に行き、異国の友人ができたばかりという事情があった。あちらで知り合った人たちは元気だろうか……しかしちょっと知り合っただけの人間が気軽に連絡もできない状況だな……と思っているなか、まさに当時仲良くなった日本人女性のカオルさん（33歳）が、日本へと帰国していることを知った。二〇二〇年三月末に戻って二週間自己隔離し、現在は都内の実家で暮ら

しているという。

ロンドンはコロナ禍当初からひときわ深刻な感染拡大が起き、イギリスは三月末にはロックダウンに踏み切った。日本で政府の対応に右往左往している自分から見ると、あちらにとどまったほうがよかったのではとも思うのだが、どんな逡巡があったのだろうか。社会人になってから長期留学を決意したカオルさんの背景が気になっていたのもあり、留学の経緯も含めて、今回の帰国に至るまでを話してもらった。

## 薬剤師として強みが欲しかった

二〇一九年秋からロンドンに滞在していたカオルさん。彼女にとって、これが一度目の語学留学ではなかった。初めての留学は社会人二年目。六年制の薬科大学を出て薬剤師として働いていたときのことだ。

「仕事と私生活の両立がしやすそうな専門職として薬剤師になりたいと思い、薬学部に入りました。この資格をとってこの職業につくというのがハッキリしているほうが、自分には向いているだろうと思ったんですね」

はっきりした理由で職業選択したカオルさん。無事薬剤師となったあと、病院・調剤薬局・製薬会社などいくつかの選択肢から選んだのは、ドラッグストアの調剤部門だ。

「できるだけ早く学費のもとを取りたくて、初任給が高いところを探しました。ただ、調剤薬局は保険制度の変更によってこれからどこも経営が厳しくなっていくだろうというのがあり。検討した結果、ドラッグストアに就職しました」

初任給は30万円近く。熟考を重ねて希望した職場に就職したが、働き始めると悩みが生まれた。毎日の調剤内容が単調で、どうしてもやりがいを感じられなかったのだ。

「働いてみて初めて、様々なジャンルの知識が生かせる総合病院や中規模病院の前にあるような薬局に就職すべきだった、と自覚しまして。すぐ転職というのも考えたのですが、せっかくなら海外で語学を身に付けてはどうか、と思いつきました」

大学では薬学に必要な薬学英語以外に、ほとんど英語の勉強をする機会がなかったカオルさん。しかしドラッグストアで働いていると、思いのほか海外から観光で来ている人たちが来店することに気づいた。英語で悩みを聞き出し調薬するのはかなり骨が折れたが、これができるようになると薬剤師として強みになると確信し、海外渡航を決意した。

行き先は、ワーキングホリデービザが取りやすい、オーストラリア・カナダ・イギリスのなかで検討した。

「ただ私、寒いところが苦手で（笑）。それでオーストラリアにしたんですが、ワーホリだと語学学校に通える期間に制限があるんです。留学エージェントと相談して、労働時間には制限があるが長く勉強できる学生ビザで行くことにしました。最初に払った費用は、十一ヵ月分の学校代、航空券代、一ヵ月のホームステイ代でだいたい150万円くらいですね。大学時代のバイト代、働き始めてからの給料の貯金があってなんとかなりました」

# バイトの対価はパン二つ

150万円を一気に払うとなったとき、ためらいはなかっただろうか。

「決めたら引かない性格なので（笑）、留学することを選んだ後はなにも悩まなかったですね。親にも『留学を決めてきた。行っていい？』と事後的に伝えました。若かったので、後から稼げばなんとかなるという気持ちも強かったと思います。ちなみに家賃は結構抑えられたのですが、オーストラリアって食費が日本の三〜四倍するんですよ。結局、合計300万円くらいは使ったはずです……」

現地で勉強し、学校のクラス分けでいうとUpper Intermediate（中上級）まで英語力が向上したカオルさん。英語力を生かした海外移住は考えなかったのだろうか？　と聞くと、

「大変さが身にしみたので」と首を横に振る。

「学生ビザでも週数時間ならアルバイトが許されていたので、カフェで週二日ほど働いていたんです。でも『お金は出せないけど、好きなパン二つくらい持って行っていいよ』という待遇で。バイトというか、英語の練習ができるボランティアですね。現地に移住した日本人の方が経営していたのですが、市民権のない場所に住むのってこんなに立場が弱いんだ、と衝撃を受けました。なので日本での再就職のときは『労働に見合うお金さえもらえるところなら……』と楽観的でした」

帰国後に選んだのは、透析病院の前にある調剤薬局。処方の難易度が高く、薬剤師が避けたい勤務先として知られるそうだ。カオルさんは、自身の「即戦力になりたい」という望みをかなえるべく挑戦した。一年は働いたが、日によっては朝九時〜夜十時まで働かなければならないハードワークぶりに、長くとどまることを諦めた。

「その薬局は夜間透析にも対応している病院のそばにあって。つまり夜でも薬を出さないといけなくなるのと、病院に入庫する薬の量も非常に多いんですよ。昼休憩を除いてずっと立ちっぱなしで十二時間働くのは大変でした。内科系・腎臓系と幅広いお薬の勉強ができてとても良かったんですが、何年もはいられないな……と転職を選びました」

薬剤師は〝手に職〟の専門職であるため転職や復職は比較的容易だが、業界の性質として中小企業が多いため、理想の職場環境にたどりつくのがなかなか難しい。カオルさんはこの二社目から、ロンドンへの語学留学を決めるまでに、三社目・四社目へと転職することになった。

三社目は中規模病院の門前にある薬局だった。働きがいはあったが「経営が厳しくなってきたので、契約をみなし残業に変えてくれ」と契約書を持ってこられ、薬局自体をやめた。四社目は同年代の同僚が多く和気藹々と働いていが、なんと慶弔休暇の取得で揉めることに。取得も渋られた上に、休暇当日、葬儀中にシフト相談の電話がかかってきたのだ。カオルさんが、さすがにそのまま働き続けることに悩んでいたところ、たまたま妹がロンドンの大学院に留学することが決まった。「もう、ついていっちゃおう！　と思い切りました」とカオルさんは笑う。

オーストラリア留学後、上達した英語をいかして薬剤師業務に取り組んでいたカオルさんだったが、実は悩みもあった。時間が経つにつれて、語学力が落ちていったのだ。

「当時、私のほかに派遣スタッフさんで二名、英語対応ができる人がいたんですが、その人たちは彼氏が英語圏の人だったんです。語学留学していた私よりしゃべれるのではと思うときもあって、すごく悔しくて。語学学校でお世話になった先生に『最低でも二年は英語圏にいないと、ものにならない』と言われたのも、ずっと頭にありました」

英語力に磨きをかけるのに、もう一回お金と時間をかけたい、とカオルさんは思った。

「海外に住む厳しさはオーストラリアで理解してましたが、もう一度くらいはチャレンジしたいと思っていました。住むなら独身のうちにやっておかなきゃ、とも」

留学期間はオーストラリアと同じく、短期学生ビザで滞在できる最長十一ヵ月。住居は妹とシェアできるものの、ロンドンは家賃も物価も高い。今度はエージェントを使わずに自力で手配したが、語学学校への授業料だけでも100万円、家賃は月々一人あたり10万円かかることになった。二〇一九年九月にロンドンに渡り、二度目の留学生活をスタートさせた。

## 留学五ヵ月目「新型コロナ」の壁

英語漬けの日々は充実していたが、イギリスならではのトラブルは多かった。定期券を持ってるのに『キセルしてるでしょ』と言われて交通警察に囲まれたり、カウンシルタックス（イギリスの地方税）を支払う必要はないはずなのに10万円近い金額の支払い命令が来てしまう、など。私が短期留学していたときの感触でも、「まあ、あるだろうな」と思える話ばかりである。

「一番大変だったのは、『市の要請でドア付け替えの工事をする』といきなり業者から連絡が来て、工事が乱暴すぎて壁まで壊されたことですね……。でも、どんなに理不尽でも言葉が不自由でも、とにかく反論しなければならない。オーストラリアでの経験で度胸とトラブルシューティング力がついていたらしく、めげずに言い返せるようになりました。やっぱり海外に住むのは大変だなとも思いましたけど（笑）」

それでも後から考えると、すべてが序の口だった。工事業者が壊した壁がなおって、やっと穏やかに暮らせると思った留学五ヵ月目、新型コロナウイルスの騒ぎが始まったのだ。

二〇一九年から二〇二〇年の年末年始は、日本に一時帰国していたカオルさん。武漢で新型コロナウイルスなるものが発生していることは日本のニュースで耳にしていたが、まさかそれがヨーロッパにも広がるような騒ぎになるとは予想していなかった。

「ロンドンに戻った後も、一、二月は普通に街を歩いてました。イタリアがやばいらしいという噂が聞こえてきたのが二月半ばくらいかな。三月頭には『旅行、やめたほうがいいね』と話し出す感じでした。うちの語学学校は、毎週新入生が入ってくるしイタリアから来る人はもともと多かったんです。ちょっと怖いよねという話や、新入生の受け入れはやめたほうがいいんじゃないかという話も出てきました」

学校がクローズすることになったのは三月一八日だった。

「その前に私はもう自主的に学校に行くのをやめていました。感染も気がかりでしたが、アジア人差別が目立つようになり、外に出るのが怖くなってきたんです」

日本でも海外でのアジア人差別のニュースや、国内での中国人差別のニュースが漏れ聞こえていたが、ロンドンでも、差別的言動は発生していた。カオルさんも、電車のなかで、「彼女は中国人?」「アジア人には間違いないね」「Disgusting!（おぞましい!）」という会話をわざと聞こえるようにされるという経験をした。

「マスクをしていて殴られた中国人の話を聞き、持っているのに怖くてマスクができない状態でした……。基本的にはロンドンの人たちは、外から来る人間におおらかで、グローバルな街であろうという自負がある人ばかりなのですが、ロックダウン前は、若い子ほど怒りや不安に身をまかせてしまうような雰囲気がありました。学校のクローズとロックダウンが決まって、本当にホッとしました」

## 妹とやっとの思いで帰国

差別を恐れつつも、できるだけ冷静に過ごしていたカオルさん。自身が薬剤師であり、ロンドンでも医療や公衆衛生関連の研究をしている知人がいたので、騒動の初期から、公的機関や専門機関の情報を中心にチェックし、パニックにならずに済んだと振り返る。そうして、ロックダウンが決まったことで、日本への帰国を決断した。

「NHS（イギリスの国民保健サービス）が回っていないというのは、だいぶ早く耳に入っていました。なので、外国人の私たちがもしコロナウイルスにかかったら、人工呼吸器を回してもらえない可能性が高いだろうから帰るべきだ、とは早々に判断していました。そもそも、英語がしゃべれるようになったと言っても、自分の症状を緊急事態のなかで適切に説明できるかもわからないし……」

実は元々、四月に国外旅行を予定し、そのついでに日本の実家に立ち寄ろうと航空券をとっていた。そのタイミングまで待つか悩んでいたが、幸いにも三月二九日の便をとることができ、前倒しての帰国を決意した。帰国ラッシュで航空券が高騰してるということは特になく、10万円以下で買うことができた。

ロンドンに来たときと同じスーツケース二つに、持っていけるだけの荷物を詰め、家を出たカオルさんと妹。しかし、ロックダウンのため、すでに最寄駅は閉鎖されてしまっていた。

「隣駅まで歩くにも、道の舗装が酷くて大変で……。フライトに間に合うかどうか心配になり出したタイミングでやっと、反対車線をタクシーが走っていたのを見つけ、一生懸命手を振ったらUターンして乗せてくれました。アジア人だからとスルーされることも覚悟しましたが、本当によかったです」

なんとか帰国したカオルさんと妹は、通常の入国よりも細かい検疫・書類記入をして、自分で手配していたマンスリーマンションへ。二週間の自己隔離を経て、実家へと戻った。

## 身に付けたのは英語力だけじゃない

日本に帰った当時、驚いたことはあっただろうか。「平和な感じにはかなり拍子抜けした」と、カオルさんは言う。

「ロンドンでは全員が『戦争状態』のような空気だったんです。買い占めは起きていましたし、医療崩壊による死者数増大もあって、パニックはありました。ただ、ロックダウンが決まってからの初動の速さ、国民のボランティア精神、一人一人のトラブルシューティング力はやはり信頼できるなと思いました。たとえば、うちのアパートメントではロックダウン後に『もし心細い方はお電話してください』というチラシを入れてくださった方がいました。

また、アパートには平時からドネーション（寄付）スペースというのがあり、そこに食べられるもの・使えるものを置いておけるようになっているんです。私たちもロンドンを出るときに、持ちきれなかったハンドジェルや食品などを残していきました」

急な帰国だったため、カオルさんは契約を終了することもできず、現地のアパートに荷物を置き、家賃を全額払い続けていた。ロンドンに戻りたい気持ちは、まだある。

「ただ、帰国時点では二、三ヵ月で落ち着くかなと思っていましたが、甘かったですね。この調子だと今年中は難しいかなと思います。語学学校は、残り五ヵ月に関しては授業料の支払いを止めてもらいました。オンラインで授業があるけど、時差があるから日本で受講するのは難しいので……それにやっぱり現地で生活するから意味があるので」

尻切れとんぼに終わってしまった留学だったが、後悔はないだろうか。

「自分で一度やると決めたことをやったことに、後悔はないです。また海外に行けるタイミングになったら行きたいとも思っていますし、留学しようかどうかずっと迷っているという人がいれば、年齢にかかわらず絶対チャレンジしたほうがいい！　と思います。トラブルシューティング力が身に付いた話をしましたけど、大人になってから性格が大きく変わる機会って、なかなかないんですよね。三社目で理不尽に契約変更を求められたときに抵抗できたのも、よく考えたら留学のおかげなんです。語学力だけじゃなくてその経験ができたのが貴重でした。日本でなにかを継続している人も素晴らしいけれど、留学はちゃんと次の仕事での度胸と人脈を得られるものだと思います。そうそう、日本のことを俯瞰して見れたのもよかったことの一つですね」

しばらくは日本にいなければならない。ロンドンのアパートの支払いもあるのですぐにでも就職先を探したいところだが、今は様子を見ているそうだ。

「薬剤師って人と対面する仕事なので、今はいたずらに復職することは控え、自宅で勉強しています。薬剤師が不足しているなどの情報が入ったときに考えたいです」

・・・

新型コロナ感染症は、国家間の移動に関わるすべての産業を一変させた。多くの学生・社会人が留学を断念しているのはもちろんのこと、日本の観光地や百貨店を支えていた外国人観光客の数は、ほとんどゼロにちかい状況だ。カオルさんはまだ、薬剤師には復帰していない。

「薬剤師に限らずに次の仕事を探しているのですが、理想的な仕事に出会えずに暗中模索していますね……。でも、英語力維持へのモチベーションはなんとかなっています。海外の講師とオンライン英会話できるサービスと、翻訳学校のオンラインコースを受講しているんです。オンライン英会話はイギリスにいる先生と毎日話せて、純粋に楽しいですね。翻訳学校は日常の英語と言い回しなどが全然違い、本当に勉強になってます！　今仕事をしていないからこそ打ち込めることだと思います。今のところの目標は、しばらく受けていなかったTOEICで、800点台を取ることです」

英語力向上への情熱を維持して暮らしているカオルさん。

彼女の話を聞いて、むしろ自分こそ、ステイホームやコロナ禍のなかでモチベーションを失ってしまっている物事があるのではないか？　と思い出させられた。まずは、全然ログインしなくなってしまったオンライン英会話（課金中）に、アクセスするところから始めるか……。

Case

# 10

# 手取り180万円、それでも推しに救われていた

シズカ（38歳）

ある日、ネットで見て驚いた記事がある。

「手取り188万円のシングルマザーが60万円の貯金に成功！」というものだ。40代パート勤務で子ども一人を育てている女性による「楽しい節約」の様子がつづられていた。その努力は素晴らしいものだと思ったし、この人の場合は住居費がかからず、元夫からの養育費もあるとのことで、本当に188万円の暮らしというわけではなさそうなのだが、それでも「フルで働いてその年収」というのが一番の問題なのではないかと心がさざめいてしまった。趣味で運営している小規模なアカウントで、条件反射的に記事をリツイートし「こんな年収の人のやりくりが『楽しい節約』として記事になることに、ちょっとショックを受けたかもしれない」と感

想を述べてから、思い直して消した。自分にとっては驚くべきことだったが、そうではないフォロワーがいるかもしれないと気づいたからだ。

気まずいことに予想はあたり、フォロワーのシズカさん（38歳）からDMが送られてきた。

「あの、ひらりささん、年収188万円のシングルマザーの記事に驚いてらっしゃいましたよね。消されたツイートの話をして申し訳ないんですけど、私の二〇一九年の手取り年収が、ほぼ同じ180万円だったんです」

「フルタイムで働いてこんな金額、公正じゃないなと私も思うんですけど、地方の非正規にとっては普通の金額で、私の住んでいる九州ではむしろ高いほうでした。……なんてことを急に書いてごめんなさい。都会に住んでる方からすると絶対驚くことなので、ひらりささんのツイートは当然だなと見ていました」

「私、実はこの春に東京での就職が決まって、上京したんです。年収も上がりました。ちょうど一区切りつき、自分でも誰かに話がしたいので、連載で取り上げてくれませんか」

同じBL作品が好きという縁で十年ほど前に知り合った彼女は、萌え話には積極的に乗ってくれるが、自分の身のまわりのことを話さないタイプだ。住んでいたのが九州だというのも、初めて知った。ツイートの件ではかなりのバツの悪さを感じたが、これを機に半生を伺うことにした。

## ソルトレークシティ五輪の熱で

シズカさんは現在、東京の大手IT企業の派遣社員として、経理に関わる業務を行っている。時給は1800円で前職より600円上がった。額面での月収は27万円、手取りでは21万円ほど。実家に住んでいたときと違い、家賃と生活費がかかるが、月6万円の手ごろなアパートを見つけたため、十分まかなえている。

これまでアルバイトと派遣社員を渡り歩いてきた。高校卒業後は、一人暮らしをして大阪の大学に通っていたが、折しも時は就職氷河期。手当たり次第受けても、正社員での採用を得ることはできなかった。

「同世代の体験談を読むと、『もっと死ぬ気で頑張ればよかった』という話をしている人が多いし、私もそう思っていた時期もありましたが、やはり圧倒的に枠が少ないのが問題でした。そこからは短期・日雇いバイトでお金を稼ぐ日々になりました。実家暮らしなので生活費はかからなかったのですが、19歳のときに、フィギュアスケートのファンになってしまっていたんです」

一九八二年生まれで、子どものころから読書家だったシズカさん。中高では自然な流れでライトノベルを読むようになり、『スレイヤーズ』（ファンタジア文庫）に夢中になった。アニメも観てグッズも買っていたが、高校卒業とともに第二部が完結。その心の隙間に入り込んだのがまったくの別ジャンル、フィギュアスケートだった。

「ハマったのは二〇〇一年ですね。前からテレビでたまに観ていたのですが、翌年にソルトレークシティオリンピックを控えたタイミングだったので、選手たちも気合が入っているし、すごく盛り上がっている年だったんです。そこで追いかける選手ができたら、なんとオリンピックと大学の試験期間が完全に被ってしまい。単位を落としまくって限りなくやばい状態になったのですが、熱が止められませんでした」

当時ファンになったのは、アレクセイ・ヤグディン。男子で世界初のグランドスラム（GPファイナル・欧州選手権・冬季五輪・世界選手権制覇）を達成したロシアの選手だ。初めて観た生の試合でヤグディンが目の前で優勝をしたのを機に、シズカさんはフィギュア沼にのめり込んでいった。

「演技はアーティスティックだけど『勝ちたい』という気迫をどこまでも持ち続けているところがすごく好きで。私がハマってすぐ、彼はアマチュアを引退したのですが、アイスショーでしょっちゅう来日するのを追いかけて、他の現役の選手の試合も観に行って、年四回は現場がありました」

チケットは高いと2万5000円ほどしたが、東京に行く旅費を含めても一現場は10万円以内。観戦以外ではお金がかからないため、シズカさんも、当時やっていた学食バイトで、なんとかやりくり可能だった。家賃も光熱費も親の口座から引き落とされていたし、年金は学生納付特例制度を使うことができた。「微塵も金銭感覚が身に付いていなかった」と振り返る。

ヤグディンは二〇〇三年に引退したが、シズカさんのフィギュア熱はおさまらなかった。やはり芸術的な演技に定評がある選手に魅せられ、そちらを追いかけた。

「ヤグディンが引退したころまさに就活をしないといけない時期だったんですが……どうしても足がすくんでしまって、前向きなやる気が出なくて、どこも受かりませんでした」

## 沼にハマって燃えつきる

清掃員、パン屋、塾講師、試食バイト……卒業後は、趣味のため数々の職をわたり歩いた。

「オタク活動のため、シフトが選べるのが必須でした。当時は時給750円とかでしたねえ。給料が低くても、それは自分が頑張ってないからだし……と割り切っていました。友達にもフリーターが何人かいたので、比べてもなんとも思っていませんでした」

しばらくすると地元の駅ビルの販売・品出しの長期派遣の職を得られ、そこで30代前半まで働いた。この最中に、彼女に一世一代のオタ活イベントが訪れる。ヤグディン引退後にできた別の推しが、ある海外大会を機に引退することになったのだ。

「最初は、行こうとは思ってなかったです。だって時給800円だし、貯金もなかったし……。でも、その後は出場しないと本人が言い切ったんですね。我慢したいけど、やっぱりサイトを見ちゃうじゃないですか。人気選手なので国内の大会では席を取るのが一苦労なんです。お金の算段がつかなかったら諦めればいいし……とまずチケットを確保し、そこから一生懸命お金をかき集め、飛び立ちました。数十万円はかかりましたね。ホテル代は現金で、チケットと飛行機代は半年かけた分割払いで凌ぎました」

支払いに役立ったのが、勤めていた駅ビルが設けていた、クレジットカード勧誘の報奨金だ。一件200円で、シズカさんは一番多い月で100件の勧誘に成功していた。

「封筒に貯めていたので、数万円はそれで払えました。あまりにも行き当たりばったりですね（笑）。でも推しの最後の演技が、本当に素晴らしいもので。入賞もしました。その場で大泣きして、両隣のファンに驚かれました。二週間、推しをずっと追いかけて、朝六時からの公式練習も観に行って。お客さんどころかマスコミもいなくて、観ているのが私だけって時間もありました。本当、まるでオタク運のために仕事運を注ぎ込んでしまっているかのような時期でした」

〝推しの引退〟に有り金を使い果たし、燃えつきたシズカさん。しかし「じゃあほかのことを頑張ろう」という気力は湧かず、派遣会社から勧められるままに、職場を移る生活が続いた。契約切れで次の仕事を探さないといけないときも、条件の希望はなにもなかった。

## 萌えに乗れずに落ち込む日々

「今思えば、推しの引退で抑うつ的な状態だったのかもしれない」とシズカさんは言う。
「フィギュアを追いかけていたころは、イベントは全部観に行って、ずっとファンレターを書き続けて、プレゼントを贈って、相手に顔を覚えてもらって……とオタク活動で紛らわしていたんですけど、我にかえるとそれって別に感情のベースをプラスにしてくれるわけじゃなくて。その瞬間、好き好き好き！　の花火を上げてごまかしてるんですけど、年齢とともに、花火の落ちる速度はどんどん速くなっていった」

過去の有名選手と同じ曲で滑る選手を観て、「あのときのあの選手の演技がよかったな」と懐古してしまうようになったのもある、とシズカさんは考えている。

「10年以上観ているなかで自分が〝老害〟になりつつあったのかもしれません。でもなにより、自分の心が閉じていて、余裕がなかったから、堪能できなかったんでしょうね。うれしいとか楽しいという感覚自体がよくわからなくなっていました」

私と知り合ったきっかけであるBL小説も、〝花火〟でしかなかったのだろうか。

「そうですね。買って読むと、たしかにおもしろいし萌えるんですよ。でも、いつも思っていたのは『こんなにおもしろいものを読んでも、私は別に幸せになれないな』ってこと。他の人たちがTwitterで盛り上がって萌えを話していても、私はここに乗れないなって気持ちが強くて。熱量がすごい人を見て、羨ましいなって気持ちと、落ち込んじゃう気持ちが半々でした。まあ、フィギュアスケート沼にいたときはコミュニティがあったので、そこから離れて、疎外感を抱いていたのもあるかもしれません」

シズカさんは、どうして東京に来ようと決意したのだろうか。転機は35歳で得た、メーカーでの営業サポートの仕事だった。駅ビルの後は、不動産、通信と業界をわたったが、どちらもシズカさんには苦痛だった。職場が、ハラスメントの嵐だったのだ。

「『契約社員になれる確率が高いんですよ』が売り文句なんだけど実際はパワハラでやめてしまう人が多いだけだったり、男性社員が派遣社員の女性を自分の大奥だと思ってるタイプで顔で露骨にランクづけしてきたり……。それが営業サポートに転職してやっと、時給が1000円以上かつ、自分の業務が認めてもらえるという環境になりました。できないことがあっても、『最初はできなくて当たり前』とちゃんと教えてもらえて……。お金が確実にもらえてしばらく働いて初めて、『いや1000円でも足りないのでは？』と思うようになりました。一方、『誰かをサポートする業務だと自分は得意かもしれない』とアピールできるポイントもわかってきて、得意分野を生かして時給を上げる転職ができるようになりました」

メーカーでの手取りは月12万〜13万円ほど。そこから類似業界で転職して時給は1200円、手取りはやっと15万円になった。

「親元で暮らすには十分ではありました。でも、業界内での大手企業による地方企業の買収のニュースなどを聞くようになって、気づいたんですよね。『今はギリギリ大丈夫だけど、これから仕事がなくなるかもしれないな』『でも、自分の職歴じゃ、川で溺れた社長を助けるとかでない限り、地元で正社員にはなれないな』と。自分は結婚できないししたくないし、もっと給料を上げて、歳をとっても仕事を続けたいなら、今頑張って東京に出たほうがいいんじゃないかと、それまでなかった選択肢を考え始めました」

## 〝女の子扱い〟に感じた違和感

もう一つ、上京の理由がある。「〝女の子扱い〟を脱したい」と気づいたことだ。

「アシスタント業務が得意だと気づいたので、メーカーの後に地元では最後に働いた職場でも、男性五人くらいのサポートをする仕事を選んだんですね。エクセル使ったり伝票を処理したり……という業務は自分に向いていたものの、『〝女の子〟のポジションでいると楽な自分』にも気づいてしまって。過去の職場と違い、他の女性社員と比べられる不快感はなかったんですが、『結婚しないの？』とか『このなかで未婚の男はね……』といった発言は日常茶飯事でした。これじゃダメだ、こういう仕事の仕方をしてはいけないって思って。でも、地元では理想の職場を探すのがかなり難しいので、東京に行こう、と決意しました」

三年かけて300万円を貯めた。年収180万円で、年間100万円を貯めるというのは、実家暮らしでも並大抵の努力ではない。しかし、家を借りた状態でないと東京での就活は厳しいだろうと判断し、十分な準備資金を得るべく、頑張った。

「親がすでに定年していたので、保証人がなくても借りられる物件を探す必要がありました。『借りたい物件の二四ヵ月分の家賃』が一つの基準になっていると知り、貯金がそれを超えてますと示せる金額として、300万円くらいかなぁと。実際、不動産会社に通帳のコピーを求められたので、本当に大事でした」

一つだけ、シズカさんが貯金中に購入したものがある。スマートフォンだ。それまで自分が社会のペースについていけていない負い目があり、スマホにも複雑な感情があったが、使ってみたら便利だった。

東京に引っ越すとなったときにも、スマホを持っているのが前提の手続きがたくさんあり、貯金中も、スマホにかなり助けられた。

「瞑想アプリをインストールして、『今の目標を考えましょう』というガイドに従って『東京に転職、東京に転職、東京に転職』って一年くらい頭のなかでずっと唱えてました。上京後も最初に決まった職場はコロナのせいで契約を反故にされたり、今の職場も開始日を半月以上ずらされたりといったことがあったんです。でも、『今の私が欲しいのは職と金、開始日よりお金、せめて時給あげてもらおう』と瞑想したら、やるべきことが落ち着いて整理できて、実現しました（笑）」

# 本当はずっと恵まれていた

38歳になって、ようやく金銭的な余裕が出たシズカさん。東京での暮らしのなか、なにか変わったことはあるだろうか。

「余裕ができたことで、『オタクであることは自分を救わない、とずっと思っていたけど、そうでもないんじゃないかな』ってことに気づきました。単に自分が救われたいと思いすぎていて、劇的な変化のないことにふてくされていたんですよね。でも、ブランクがありながらもなんとか次の仕事に進めていたのは、推しがアマチュアは引退したけれど、プロとして活動してくれていたからだし、フィギュアやBLでできた友人関係に励まされることもありました。渦中にいるときは自分は不幸だって決めつけていたけど、振り返ると『本当は、推しがいたから前に進めた部分もあったんだな』って思えています。実は、推しが引退後も、ずっとクリスマスプレゼントを贈っていたんですが、昨年だけ『転職します』と手紙に書いたんです。そうしたらお祝いの返事がきて。オタク的にはやっぱりずっと恵まれているし、それは私の人生を支えていたなと、やっと思えました」

新しい目標などはあるだろうか。

「うーん、私あんまり成熟してないので……（笑）。これからしたいことがどんどん出てくるのかなっていうのは楽しみですね。結婚したくなるのが60歳くらいで、正社員になりたいと思うのが65歳くらいじゃないかな？　って思ってます。私ってまだ『私が私である』のを頑張っている段階なんです。もし私のように、地方でモヤモヤしながら暮らしている人がいても、あまり焦らないでほしいなと思っています。自分を変えたいなら、その気になってからで全然間に合うので。オタクだった身として言いたいのは、推しとの別れがあっても、他の人が持っているものをそんなに欲しがらないでいいということ。熱量がすごい人を見たりコミュニティから足を洗ったりすると寂しくなるのは確かなんだけど、なにかを〝好き〟程度でも生きていけるんですよね」

一部の人は「何者かになりたい」「何者かでなければならない」と考えるあまり、オタクであることに固執しすぎてるのでは」とシズカさんは言う。

「オタクじゃなくても、その人はその人なのに。アイデンティティが希薄になることを、そこまで恐れなくていいんじゃないかな。あくまで、38歳の私が今思ってることですが。昔は、供給があって萌えているのが当たり前で、推しやジャンルにずっとコミットしていれば正義だと思っていたけど、そうじゃなくなっても、ここまで生きてこれた。毎日大きな花火が上がってなくても生きてこれたのは、いいことだと思っています」

・・・

シズカさんは二〇二一年現在も東京で暮らし、働いている。

「一人暮らしってやっぱりお金がかかりますね。今の仕事はボーナスや退職金がないし、自分が受け取れる年金も低そうなので、自分の背中におばあちゃんになった自分がおぶさってるイメージを持っています。自分の給料を〝おばあちゃん〟と分けあっていると考えて貯金するんです。もっと稼げば〝おばあちゃん〟を軽くできるかもと思います」

今年も、推しの誕生日はお祝いした。

「カレンダーに予定として入れるのではなく、その日が記念日であることを自分で思い出します。昔、海外のファン仲間に〝big fan〟を通り越した表現として〝huge fan〟と評されたことがありますが、私自身は、細くて長いファンだよと思っています」

次の目標もできた。ラジオ英会話を聴き続けて維持してきた英語能力を生かした職に就きたいと考えるようになったのだ。

「地元と違って、東京には英語を使う求人がたくさんあってうれしいです。そもそも、今の仕事で使っているVBAは、地元では働き口のないスキルの代表格だったんですけどね。『エクセルの得意な人』と重宝されていて不思議な気持ちになります。やる意味あるのかなと疑いながら習得してきたスキルが、自分の今につながっています」

本記事の書籍収録をシズカさんに打診したところ、一度、断りの返事をいただいた。心の傷が深い時期の話を紙で残すことに悩みがあったのだと言う。いったんは収録取り止めを考えたのだが、一ヵ月ほどDMをやりとりし、掲載に同意をいただいた。webでの掲載時にも、シズカさんと同世代の人だけでなく、自分が何者かで悩んでいる20代の人たち、特に推しがいる女性たちからの反響が大きかったエピソードで、書籍というフォーマットを通じて、どこかで悩んでいる誰かにさらに伝わってほしいと思ったからだ。

私自身も、〝オタク〟というアイデンティティを通じて、仕事や人間関係を築いてきた身の上だ。細く長く推し続けられたらと思う一方で、いつかやってくる「足を洗う」ときを、恐れすぎない気持ちをもらった取材だった。

# 第3章
# しがらみを手放す女たち

Case

# 11

# 代償500万円で、彼女は結婚も不倫も手放した

ミドリ（39歳）

恋人と別れた。

春に交際を始め、季節が変わるころに自分の限界が来てしまった。相手のせいではなく、自分と、コロナ禍のせいだった。元々オフィスに出勤して行っていた本業が在宅勤務になり、ライター業も自宅で行い、さらに生活自体もステイホームが求められ……と、自分のあらゆる側面がワンルームに押し込められることになったとき、そこに他人が入り込む瞬間があると、ものすごいストレスを感じるようになったのだ。二人で暮らせる部屋を借りるなどしたら、状況は違ったかもしれないが、それは言っても仕方がなかった。空間の問題だけでなく、自分の精神的リソースも、未曾有の事態のなかで仕事と生活をまわしていくことでいっぱいいっぱいだったのだと思う。相手にはその通り伝

え、承諾してもらった。

〝コロナ婚〟の話も聞くなかで、「人恋しいし、いろんな人と話したい気持ちはすごくあるけれど、生活の内側には他人に立ち入られる余裕がない自分」に気づいたときには、自分が出来損ないではないかという恐怖感に襲われた。しかし、認めてしまった後は、気楽でもあった。相変わらずのワンルーム一人暮らしで気が滅入ることはあるが、散歩を日課にしたり、原稿をカフェで書いたりして、気を紛らわせている。

ミドリさん（39歳）と出会ったのは、自分の自意識の葛藤がひと段落した後、感染者数が減っていた二〇二〇年秋に赴いた飲み会でのことだった。女とお金にまつわる取材を続けていると明かしたら、こんなふうに話しかけてきたのだ。

「私、昨年末に離婚したんです。コロナ自粛が一年早かったらこうはならなかったなあと思うと、本当よかったなと思っていて。一緒にいて居心地がいい人と結婚したはずが、500万円の慰謝料を払う羽目になった話なのですが、興味あります？」

〝コロナ婚〟ではなく〝コロナ前離婚〟の話とは。500万円のインパクトの大きさに、すぐ話を聞かせてもらうことにした。

## 〝結婚適齢期〟での結婚

ミドリさんは、フリーランスで宣伝・PR業をしている。新卒で宣伝会社に入社して一通りの案件をこなした後、とある事業会社の広報部に転職。人脈と経験ができてきたところで、周囲の知人からも案件の相談が舞い込むようになり、自分の会社を設立した。現在はいくつかの企業を受け持ちつつ、アシスタントと二人で、スポットの案件を回している。飲み会中も空いたグラスなどによく気がついて飲み物をつぐなど、「この人にならなんでも相談できそう！」と思える気遣いのできる人だ。

ミドリさんが結婚したのは、27歳のとき。大学時代から付き合っていた同棲中の恋人とゴールインした。交際六年目、同棲五年目だった。いわゆる〝結婚適齢期〟での自然な帰結に思えるが、「結構ヤキモキしていた」とミドリさんは振り返る。

「結婚願望がすごく強いわけではなかったんですが、交際期間は結構長くなったのに向こうからはなにも言われず、宙ぶらりんな感じが続いていました」

夫は外資系コンサルファームに勤務し、激務だった。ミドリさんも忙しかったものの、いつも遅く帰ってくるのは彼のほう。ある夏は、ほとんど顔を合わせられなかった。

「『私ってこの人のなんなんだろう』と思ったら、すごく悲しくなってしまって。『こんな生活が続くなら別れたい』とぶつけたら、彼が『じゃあ籍入れよう』と。あれよあれよと半年くらいで届を出しました」

成り行きとしか言いようがない結婚生活のスタートだったが、最初は順調だった。
「一緒に暮らすには、本当にストレスがない人だったんです。感情や機嫌のアップダウンも少なくって。彼と知り合う前は、どちらかと言うといわゆる〝ダメンズ〟と付き合ってて、自分が振り回されることの多い恋愛でしたから（笑）。それに対して、夫はバリバリ合理主義な人で。『お互いに得意分野がまったく違うから、生活は分業制でうまくまわそう』とか言われたりして、1＋1＝2みたいなシンプルなわかりやすさのある夫とのコミュニケーションが、とても心地よかったんです」

ミドリさんの夫は、付き合っているときから「理解できない部分は無理してあわせる必要がない」と言い切るタイプ。ミドリさんの交友関係などに口を出すこともなく、それまでの交際相手と比べて、干渉をまったくしない人間だった。
「結婚してもまったくそのままでした。描いていた夫婦像とは違うけど、お互いに働いているし〝分業〟で助け合いながらやっていければいいかな、と思っていました」

しかし、この心地よさが後々、ミドリさんの結婚生活を苦しいものにしていく。というのも一緒にいる居心地のよさで結びついている二人であるがゆえ、それを壊しそうなトピックを避け続けるようになってしまったのだ。

## 結婚当初からセックスレス

「同棲している家でそのまま住み始めたのもそうですし、共働きでも二人に差がある話はいい気持ちはしないですよね。お互いの給料の話とかなんにもしなかったです。給与明細も一度も見たことがなかったです。口座も別々で各自の娯楽費はそこから出し、夫婦の共有口座もつくっていませんでした」

ミドリさんが30歳を過ぎたときに「金利が低いから、今のうちに家を買おうか」と話し、中古リノベーションマンションを購入した。このとき頭金は半分ずつ出したものの、名義は夫で、毎月のローン返済も夫が単独で行った。ミドリさんのほうはその分、毎月の生活費や、旅行・イベント代は支払うという分担になっていた。

喧嘩らしい喧嘩は本当になかった。

「私はどちらかというと恋人と依存しあう関係を好んでいたんですが、過去のダメンズとの失敗から、一定の距離を保つことって共同生活を長続きさせるには欠かせないんだなって当時は思っていました。恋人が結婚して夫婦というより〝同居人〟になった感じ。お金のことも、趣味も、仕事の具体的な話も、敢えて聞くことはしないという暗黙の了解がありました。居心地のよい型を壊さないように、逆に気を遣っていたのかも」

夫婦関係の重大事といえば、性的なリレーションがその一つだが、セックスレスにはならなかったのだろうか。

「言いづらいんですが……、籍を入れる時点ですでにレスでしたね。彼は当時全然家に帰れなくて、休みがとれた日は家で寝ていることが多くて。年一〜二回、旅行のときになんとかこなして、夫婦としての体裁を保っていたなあと思います」

しばらくは仲睦まじかった二人だが、ミドリさんの気持ちが崩れ出した。結婚五年目のことだ。周囲の夫婦に子どもが生まれるなかで、子どもについて話し合いたい気持ちが浮かんだが、それを夫に切り出すことができなかったのだ。

「子どもについて話すとなると、セックスレスのことにも向きあわないといけないですよね。元夫はもはや私を女性として見ていない可能性もあるので、それを相手に伝えるのがどうしても難しくて。そもそも元夫が子どもについてどう考えているのかもまったくわかりませんでした。『子どもはまだいなくてもいいよね』とさえ話したことがなかったので」

一人で悩み出した途端に、ミドリさんのなかに、これまでの関係への違和感が浮かんできた。「私たちって夫婦になってないんじゃないか」「家族になってないんじゃないか」……。

「彼の言う〝分業制〟を心地よく感じていたはずなのに〝分業〟で助け合うどころか、ただ一緒に暮らしていただけだったんだと愕然としました。型を守ろうとした結果、逆にその型によって大きな溝ができていたように感じたんです。元夫の成長と私の成長が、数年を経て全然別のところに繋がっている感覚でした。なので〝家族〟について考えを話しても、通じ合えるものがなにもないということを知るのが怖くて、なにも話せなくなりました」

ミドリさんが手がけた案件の成功のお祝いにディナーをしたり、土日に夫が招いた同僚を歓待してホームパーティーをしたり。表向きは「いい夫婦」として周囲からも認知されていた二人だったが、ミドリさんは「食事や友達付き合いを楽しんでいるだけで、夫婦としての本音のコミュニケーションはできていなかった」と振り返る。

「百人に聞いたら百人に、『いい旦那さんだね』と言われる物腰の人でした。だからこそ『いい人って言われるのに、なんで自分はこんなに空虚な気持ちなんだろう……』と、惨めな気持ちになっていました」

# 女性として扱ってもらえた喜び

それでも、結婚生活はすぐには崩壊しなかった。ミドリさんに、会社員をやめて独立するというチャレンジがあったため、私生活を動かす余力がなかったのだ。逆に言えば、そのまま「離婚したい」と切り出すことができずに、決定的な事件が起きてしまったとも言える。

それは結婚十年目、ミドリさんが37歳のときだった。

「その人とは仕事関係の飲み会で知り合いました。業界関係者で飲もうよって集まりに来ていた、三つ年下の雑誌編集者でした。とにかく知識が豊富で、伝え方も喋り方も上手で。私も彼もある映画監督のファンで、その監督がつくった映画に同じような感想を持っていたり、裏テーマとかを語り合ったり。なんだかものすごく親近感が湧きました」

飲み会の帰り道、「男の人と久々にのびのび話したな、また会いたいな……」と心から思ったという。

「すごく女性受けしそうな人たらし感があったので、この人はきっと浮気もするだろうし、金払いもよかったから貯金はなさそうだし、結婚したら奥さんが苦労しそうだな～と思いました（笑）。でも、気が利いて、飲み会でも一生懸命に場を盛り上げる姿がすごく可愛くて、そこが自分に刺さったんです」

積極的にアプローチしてきたのは、相手のほうだった。

「元夫とは十年近く一緒にやってきた情もあるし、周りにも迷惑をかけてしまう。『いや私結婚してるので』と当初は制止していたのですが、女性として見られたことが単純にうれしかったんですね。映画や音楽の趣味が合うので、二人で飲んだりイベントに行ったりという機会を持つようになって、最終的には不倫関係になってしまいました」

## 銀行口座の残高がゼロ

不倫をしてしまった以上は、慰謝料も払う前提で正直に離婚を切り出そう。タイミングを計っていたミドリさんだが、事態は最悪の結果へと向かう。たった一ヵ月で、関係がバレてしまったのだ。

「あまりにも早いですよね（笑）。それまでも友達と朝まで飲むことはあったので、自分から言うまでは気付かれないだろうと思っていたのですが……思った以上に態度に出ていたようです。夫はすぐに気付いて興信所をつけていたらしく」

夫の察知をミドリさんが知ったのは、不倫を始めて三〜四ヵ月経ったころ。ミドリさんの地元の友達が出産したのがきっかけだった。

「赤ちゃんの顔を見がてら数日実家のほうに帰ることにしたんですね。お祝いを買って行こうと思って、直前にATMに立ち寄ったら、自分の財布のなかにあったキャッシュカードがなくなっていたんですよ」

盗難か紛失だろうかと慌てたミドリさんは、急いで窓口へ。調べたところ、複数回にわたって預金が引き出されていた。暗証番号を知っているのは、ミドリさん以外には夫だけ。一体なにが起きているのかと頭のなかが真っ白になったミドリさんが夫に電話したところ、彼はこう口にした。

「お前に男がいるのはわかってるぞ」

興信所を使って秘密裏に証拠を集め不倫を確信した夫が、ミドリさんの数日の不在を不倫旅行だと勘違いしてカッとなり、キャッシュカードと通帳で全額を引き出していたのだ。

「もう出産祝いどころじゃないですよね……。予定を取りやめて自宅に帰ったら、夫が待っていて。興信所が撮った写真を広げていました。自宅で通帳とかを置いている一角を見ても、すっかりないんですよ。私がどんなに『友達の出産祝いだ』と話しても、『嘘いうな』の一点張りでした。不倫をしていた私を夫の側から見れば信用できないのは当然ですよね。

かってないくらいに空気が凍りついていました」

不倫を知った夫婦の片方が相手の財産を隠す話は、過去に私も聞いたことがある。夫婦共有財産を処分できないようにという合理的な目的のためというよりは、相手の行動を制限するためにこの行動に出ることが多いようだ。夫婦間の窃盗は処罰されないことになっているため、警察も介入が難しい。

## 夫の怒りがおさまらない

「全財産取られてしまったので、本当に気が気じゃなかったです。でもそれ以上に、おそらくは好きな相手と二度と会えないだろうと思って苦しくなりました。ただ、元夫の『不倫で裏切ったくせに。金は渡さない』と怒りに震えながらの言葉と表情で、いま、この人ははじめて私に胸の内を明かしていると思い、すっとした気分にもなりました。二人ではどうにもならないので、私は元々滞在する予定だった実家へ行き、会社に通えない距離ではないので、しばらくはそこに身を寄せることにしました」

別居一ヵ月後、喫茶店の個室で顔を合わせた二人。今後についての話し合いがちゃんとできるかもしれないと思ったミドリさんだったが、夫は「俺がこんなになっているのはお前が不倫したからだ」と言うばかりで、そんな雰囲気ではなかった。結局その日は十五分で解散し、しばらくしてからお互いに弁護士を立てて協議していくことになった。

不倫は法的な離婚事由として認められるものの、有責配偶者からは原則それを主張できず、相手が同意しなければ離婚は成立しない。ミドリさんの場合、最初は夫が関係の修復を望んでいたため、財産分与の内容含めて、協議での離婚がまとまるまでに一年を要した。

ミドリさんの夫は、やはりミドリさんを失いたくなかったのだろうか。

「うーん。もし離婚したくないと思っていたならば、最後に会った喫茶店で、そう言ってくれたんじゃないかと思うんです。でもやり取りや表情からは、『裏切りやがって』という感情だけがビリビリ伝わってきました。社会性を重要視するタイプだったし、夫婦で付き合いのあるコミュニティがいくつもあったので、私を手放したくないというよりは、『一生かけて償え』という憎しみが大きかったのではないでしょうか」

夫と話すなかで、「こんなふうに憎しみを芽生えさせてしまって申し訳ない、大変なことをしてしまった」と心底思ったとミドリさんは振り返る。

## ５００万円が慰謝料に

それでも正直、結婚五年目以降、夫婦を続ける気力はずっとなかった。

「私ができることは、慰謝料をきちんと払って離婚する以外にはなにもなかったと思います」

夫婦で家計をほとんど別にしていたミドリさんと夫。協議離婚にあたって、共有財産と認められるものは分譲マンションだけだった。ミドリさんは頭金２００万円を払っていたマンションを夫名義のまま夫に丸ごと渡し、さらに慰謝料を５００万円払った。不倫の慰謝料としては相場よりかなり高い金額だ。

「銀行口座から引き出されていた貯金額の５００万円を、そのまま慰謝料ということにしてもらいました。相手が離婚自体渋っていたのもありましたし、とにかくできるだけ早く合意したかったので、気が変わっては困るなと……。５００万円は痛手でしたが、受け入れるしかなかったですね」

ちなみに、ミドリさんがずっと感じていた性格の不一致は、慰謝料を減額する根拠にはならない。協議離婚では、お互いが性格の不一致を認めるか、法律で定められた「悪意の遺棄」――配偶者に生活費を渡さない、理由なき同居拒否などに至らない限りは、離婚の直接の原因とはならないからだ。

離婚が成立した当時、どんな感情を抱いたのだろうか。

「ただただ、ホッとしてました。またゼロから人生をちゃんと送ることができるなって気持ちでいっぱいでした。別居して距離が離れているとはいえ、やっぱりこのままずっと離婚できなかったらどうしようと不安でしたから。ようやく解放された気持ちでした。不倫相手にも一度お別れの連絡を入れたのちは会っていません」

元夫に会いたい気持ちは？　と聞くと、「まったくない」と断言した。

「お金ですべてが解決されるわけじゃありませんが、慰謝料を払って、謝罪文も書きました。それで、相手に対して自分ができる範囲のやるべきことははたしたかなと。〝卒業〟した気分ですね」

もし今、結婚生活に悩んでいる女性がいたら、「本音でコミュニケーションできるかしっかり確認してほしい」とアドバイスする。

「一緒にいて居心地がいいと思っていても、本音を隠しての距離感ゆえだと、私のように後からきつくなってくるだろうと思います。途中で意志や目的をすり合わせる機会があればいいんですが……私の場合はそれを避ける方向に行きがちでした」

信頼できるパートナーかどうかは、結局、何事も腹を割って話していかないとわからない、とミドリさんは念を押す。

「せめてお互いの人生に関わって協力し合える存在じゃないと、厳しいと思います。特に、お互いの給料やお金のことは絶対話し合ったほうがいいです。財布も一緒のほうがいいと思いました。お金によって一緒に小さな目標を生活のなかで立てられますから」

・・・

本書のためミドリさんに連絡すると、現在の率直な気持ちを打ち明けてくれた。離婚してみると、ひとりで暮らす寂しさが押し寄せてきたのだそうだ。

「貯金ゼロの現実も相まって、すごく不安になりましたね。幸い、仕事はめちゃくちゃ忙しかった。朝目が覚めてすぐにパソコンを開き、寝る直前まで仕事に没頭する生活により、なんとか紛らわしていました。そんな時期を経て、ちょうど今、離婚のマイナスがゼロに戻った気持ちです。仲のよい友人の精神的なサポートにもすごく助けられましたね。私をジャッジせず支えてくれる友人の人となりに気が付けたのも、ものすごく大きなことでした」

今にして思えば、自分の問題を元夫に責任転嫁していた部分もあると語るミドリさん。

「自分のすべてを配偶者に理解してもらうなんてことはムリですよね。もし今後、将来を想像できるような男性と恋愛ができたとしても、結婚はせずにパートナーとして認め合いながら一緒にいられることが私にとってはベストなんだなと思います」

最近は離婚の傷を癒やす薬として仕事へ熱中しつつも、それ以外に楽しめることも模索中だ。毎食の自炊にもこだわり始めた。

「つくると、やっぱり誰かと一緒に会話しながら楽しく食べたいなあと思うので、それこそ何気ないことを一緒に楽しめる人を探していきたいです」

私もミドリさんと同じく、仕事に人生のほとんどのリソースを割くことでこの歳までやってきた。しかしやはり昨年恋人と別れる前後に、仕事と生活のバランスに対しての疲れをも思い知り、身の回りのことを丁寧にやる機会を意識的に増やそうと努力している。

ミドリさんの言葉をかみしめながら、週末は久しぶりに大掃除をしようかなと思わせられたのだった。

Case

# 12

# スピリチュアルに 1000万円投じた女に話を聞く

エミ（48歳）

BL、韓国映画、北欧食器、海外旅行、デパコス……。熱しやすく冷めやすい性格で、オタクというには移り気なんじゃないかと自分でも呆れることもしばしば。そんな散漫なハマり遍歴のなかでも、地味に息長く、根深くハマっている〝沼〟がある。それが占いだ。

子どものころから、少女マンガ誌を読むたびに巻末の「今月の運勢」を熟読して育ってきた。しかし、20代前半までは、占いに課金する必要はまったく感じていなかった。あくまで、なにかのついでの〝おまけ〟として楽しむものであって、それそのものにお金を払う価値があると思っていなかった。

# 毒にも薬にもなる占い

しかし必要は、大人になって発生した。26歳のころ、当時の交際相手に振られて心の持って行き場がどこにもなくなり、とにかく誰かに話を聞いてもらいたくなったのだ。しばらく会社にも通えなそうな状態で、なにをしても楽しいと感じず、美味しいものやおもしろいものにも心が動かなかったところから、占い師に自分の話をすることでなんとか回復した。そこから占いの持つ、メンタルに対する効能とエンターテイメント性を深く認め、今では仕事や人間関係で心が折れそうになると、誰かしら占い師のもとに赴いている。月一回行くときもあれば、半年に一回程度で済む時期もある。

世間的な相場は、タロット占いなら二〇分3000円前後。ハマりたてのころはできるだけヘンテコな体験がしたくて、高額なスピリチュアル系にもチャレンジしていた。たとえば身体をとりまくオーラの色を見て運気を占うという「オーラリーディング」（4万円）とか、タロット技術に霊感をかけあわせたという「霊感タロット」（1万円）とか。インターネットの匿名掲示板のオカルト・スピリチュアル専門板で「あの占い師には本当に霊感があるのか」を人々が延々議論している様子を眺めるのも、楽しかった。より霊験あらたかそうな(?)占い師を求めてあちこち食い散らかしている間は、「なにか当たってない気がするなあ」というボンヤリとした不満が常にあり、不完全燃焼のままに次の占い先を探すというループで、月に数万円を溶かしては、あとで落ち込んでいた。心をスッキリさせたくて赴いているのに、本末転倒である。

そうした高額のサービスにもお金を払うなかで、スピリチュアルな要素をうたったサービスは、その人間を「当たる」と思って信仰しすぎる側面があり、身を持ち崩す危険があると痛感した。タロットカードの絵解きやホロスコープの読み解きなど、人間が長い時間をかけて構築した〝ルール〟のみに従ったお遊びについてはOKで、そこに超常現象や超自然的なものへの〝信仰〟の強要が絡んでくるものはNGと決めた。紙一重だなという自覚があるからこそ、本連載の担当編集からの「占い・オカルト・スピリチュアルに累計1000万円使っている、元JAXA勤務の女性ライターさんの話が舞い込んできました」という一報に、すぐに飛びついた。

## 「神宮館高島暦」に興味津々

科学ライターのエミさん(48歳)は、子どものころから「なんでなんで?」と聞きたがる性分で、親に聞かずにこれを読みなさいと百科事典を与えられ、熟読しながら育ったのだという。

「字が読めるようになるのが早くて、知識に対して貪欲な子どもだったらしく。目に付くものはなんでも読んでいたのですが、占いに興味をもったきっかけは祖父母の家で見つけた『神宮館高島暦』でした。中国の暦をベースにした高島易学という占いの一種で、人間を生まれた年ごとに九つの星に分け、その星ごとに運勢を書いたものです。この日が一粒万倍日だよ、とか、その年の運気のいい日付もわかるようになっています」

『神宮館高島暦』なら、私の母の実家にも確かにあった。文字がびっしりと書いてあって、あんまり読めずに挫折してしまった記憶があるが……。なるほど、やはりスピリチュアル・オカルト趣味の入り口は占いなのか。

「年月とか時間って今は生活の前提になってますけど、究極にオカルティックなものだと思いませんか？　占いも時の概念も、もともと政治を司る人たちが、先のことを知ることで不幸を減らそうとしてできたものなんですよ。とても大事なことですよね。科学も、世の中を知ることで不幸を減らす学問とも言えます。アイザック・ニュートンも錬金術を研究していたし、中世の科学者と言われている人たちにも『賢者の石』なんていうものを探していた人がたくさんいた。私も、『ムー』を創刊時から購読しつつ、世界の宇宙学者や天文学のニュースを追いかけるような、そんな子どもでした」

たしかに、オカルトの総本山として知られる『ムー』も、様々な科学に関わる学習本を出している学研グループから発売されている。客観性と再現性を必須条件とした近代科学の概念が確立したことで、科学とオカルトは明確に分離したが、科学とオカルト双方に惹かれるというエミさんの性分は、理にかなっている気もしてくる……？

「子どものころ私が大ファンだったのが、カール・セーガン。八〇年代に一世を風靡した天文学者で、NASAの惑星探査を主導していた人です。あのころは宇宙開発に関する話題が世間に溢れていましたね。ボイジャー計画だったりハレー彗星だったり。将来の進路も、自然と理系に進みたいと思うようになり、まずはIT系専門職の派遣社員として就職しました」

オカルト・宇宙開発の話題を追いかけているだけなら、お金はそんなにかからなそうだが、累計1000万円に達するまでには一体なにがあったのだろう。そう聞くと、エミさんは「占いとスピリチュアル系の習い事にハマったんです」と教えてくれた。

## 『魔女養成講座』に通い始めた

エミさんが就職したのは一九九〇年代半ば。バブルはもう弾けていたが、まだ派遣＝専門職というのが一般的で、エミさんも給料がよかったそうだ。自由に使えるお金ができ、興味のあることはなんでも習いに行くようになった。

「西洋占星術入門から始まって、いくつかの分野を網羅した『魔女養成講座』などに通うようになりました。当時はカルチャースクールでもそうした講座がバンバン開かれていたし、その講師がビジネス誌に成功者としてインタビューされていたんですね。サラリーマンの心を癒やすヘルシーなものとして、スピリチュアルがポジティブに宣伝されていました」

エミさんが当時一番お金を使ったのは、「カラーセラピー」。色彩を利用した心理療法の一つという触れ込みで、層に分かれた二色の液体が入ったボトルを使う。相手が選んだボトルのカラーにより、その人の「魂の色」を見るというメソッドのスピリチュアルだ。体験で受けた際のセラピストの手際が悪く、「これでいいなら私だってできるんじゃない？」と思ったそうだ。カルチャースクールの講座を受けつくしたところで、渋谷にあるカラーセラピー総本山のお店の本格講座に通うことに。魂が七層構造になっているといった世界観や、ボトルのカラーの意味を百二十種類くらい暗記して、最後にディプロマ（修了証明）を得ると、誰かにカウンセリングできるという仕組みだ。予備・中級・応用とあり、三〜四日のコースでそれぞれ15万円かかった。

「そこまでに受けていた単発講座の金額と、道具の値段も合わせて、100万円はいったんじゃないかな。でも大体こんなもんだろうな、と思ってました。当時のいわゆる〝癒やし系〟でいうと、リラクゼーションのアロマセラピーなどは、もっとお金を取ってましたから」

元々知識に貪欲だったとはいえ、かなりの入れ込みようだ。

## どこかで承認欲求を満たしたかった

このころには、結婚をしていたというエミさん。稼ぎがよかったとしても、習い事に支払う金額として100万円は高額だ。躊躇はなかったのだろうか。「時間とお金はあったけれど、仕事と結婚があまりうまくいってない気持ちがあった」とエミさんは明かす。

「上司に毎日百回くらい『死ね』って言われるような環境で（笑）。結婚のほうも、夫に人の気持ちを考えられない性格上の難があるのが一緒に暮らすなかで発覚して。例えば新婚旅行で海外のリゾートに行ったときに、ライフルの射撃体験をしたんですけど、冗談めかして銃口を向けられたんです。本気で『殺される』と怯えましたもん。毎日ヒリヒリした環境で生きていたからこそ、先行きを自分で知りたいと思っていました」

壮絶すぎる過去をサラッと語るエミさん。なるほど、生活の悩みはやはりあり、そこから逃れたくて、オカルト・スピリチュアルにのめりこんでいたのだ。

よくよく考えたら、スピリチュアルに大金を注いだ時期は、心を病んでいたのだろうと、エミさんも認める。

「どこかで自己承認欲求を満たしたくて、特別な自分になるためにスピリチュアルを学んでいました。どんなに占いやセラピーに行っても物足りなくて、もっと細かく話したいとか、こんなぬるい回答じゃ嫌だとなって。周囲を見ていても、借金を重ねてスクールに通っているような人は、本当はカウンセリングや病院に行ってケアされるべきところを、スピリチュアルにつぎ込んでいるっていう方が多いように私は思います」

あくまで客観的に振り返るエミさん。すべてに納得してお金を払っていたのだろうか？

「全然そんなことないですよ！（笑）払っちゃってからやめたこともあるし、ネットワークビジネスだったこともあるし、納得しないままお金を支払う流れになって、慌てて逃げたこととかもありますね。よく覚えているのがツボと印鑑を買わされそうになったことですね。新宿駅の西口で若い女の人に『ちょっと占いの練習台になってもらえませんか』と呼び止められたのですが、『自分の手には負えないので、偉い先生のところに一緒に行って欲しい』と言い出して。見料が一時間1万円だと言うので後日行ってみたら、最低金額40万円の印鑑と、60万円のツボをずらっと見せられて、どれか買えと言われました。なにを問いかけられても反論していたら、あちらが面倒臭くなったらしく『もういいから帰ってくれ』と玄関口で塩を撒かれました（笑）」

## 重視するのは「自然にことが決まるか」

実は、二〇一一年三月十一日に東日本大震災が起きた瞬間も、エミさんは占いを受けていた。3万円の鑑定の最中だったが、なんと占い師が客であるエミさんを放り出して一人で逃げてしまったそうだ。これを機に、エミさんは占いからいったん距離を置いた。

「あれだけの災害で慌てるのはわかりますけど、『人としてどうなんだ』と思いましたよね（笑）。このときに限らず、大きい災害の後とかは、人生に対する無力感や無常感も強くなって、占いやスピリチュアルから離れる傾向はあるかもしれない」

エミさんにとって、納得の基準はどこにあるのだろうか。

「そうですねえ。相手から教えられる理論に、魅力的なものを感じるかどうかですね。今まで知らなかったことを教えてもらえるのが楽しいので、モノの金銭的価値やご利益には興味がないです。テレビ朝日でやっていた『オーラの泉』が好きだったんですけど、あれはやっぱりオカルトやスピリチュアルが『なぜそうなのか』を問うスタイルだったからですね」

非常にロジカルに思えるエミさんだが、人生において、探究心と同じくらい重視していることがある。それは「自然にことが決まるか」だ。

「スピリチュアルのなかでも一番原始的なコンセプトである〝直感〟、最近の言葉で言うと〝引き寄せ〟ですよね。なにかわからないけどいけるような気がする、という感覚。例えば、派遣をやめてJAXAを受けてみようと思ったときも、いつもの自分だったら『無理でしょ』となったはずなんですよ。でも、なんか行けるかもと思えて、試験にも通ったんです。ほかにも、仕事が嫌になってフロリダ旅行に行ってみたら、ケネディ宇宙センターに行くことにした日が、たまたまオービター（宇宙船）が地球に戻って着陸する日で、その一部始終を見ることができたなんて出来事もありました。人生を振り返ると、自分にとっていい選択だなと思うことは、〝引き寄せ〟の力を感じることが多いです」

現在エミさんは、最初の夫と離婚し、二度目の結婚生活を送っている。今の相手は、占いでは「相性最悪」と言われたが、流れのなかで、〝引き寄せ〟を感じて結婚したのだと語る。

「立川の中華街をデートしていたときに、占い師に呼び止められて、相性を見られたんですよ。そうしたら『相性最悪だから結婚できない。ただ守護霊によると、無理ってわけでもない。行い次第』と言われて。結構厳しいこと言われてるじゃないですか。しばらくして結婚の話を夫とするようになり、それならまず挙式の日取りを決めようかとなったときに、自分が式をあげたい日取りに使いたい式場が埋まっていて、『やっぱりダメなのかなあ』と思ったんですよね。今はタイミングじゃないのかと諦めようとした矢先に、式場から電話がきて『キャンセルが出た』と言われたんです。これはいい流れが来てるぞ、と思いました」

後日、中華街の占い師にも『後ろの守護霊がもう結婚していいと言っている』と言われたそうだ。

## 占いは意思決定の「補助」ツール

時期ごとに濃淡はありながらも、スピリチュアルに溺れすぎずにここまできたエミさん。健全に占いやスピリチュアルと付き合うために心がけていることはあるだろうか。聞くと「自分の人生をゆだねない」ことが必須条件だと、断言した。

「占いもスピリチュアルも意思決定を助けるツールでしかないんです。サーフィンが楽しくてどんなにいいサーフボードを使っていたとしても、それに命のすべてをゆだねちゃダメじゃないですか？　そのことは常に頭に置いておいたほうがいいです」

　客をマインドコントロールしてくる人も山ほどいると言う。

「〝人〟を信仰するようなタイプのスピリチュアル、宗教はその危険性が増しますから、私は避けていますね。『あなたが悪いから悪い結果が出ている』と自己責任を求める人も、避けています。結果がどうこうって言い方する人はあまり信用しないほうがいいです。あとは分割払いやローン払いをすると気が大きくなることは20代のときに身に染みたので、カード払いはせず現金オンリーを守っていますね」

　占いやスピリチュアル情報に精通しているエミさんに「いい人教えて」と言ってくる知人は多いが、紹介もしないとも決めているそうだ。

「以前、個人的に気になっていた占い師のFacebookページにいいねを押したら、私のいいねを見た知人が行って、『全然当たらなかった！』とクレームをつけられたことがあり……。勧めてないのに怒ってくる人までいるので、紹介は原則しないようにしています。他人の人生には責任取れないですしね」

　このようなスタンスから、占いに詳しいことを明かすのも慎重にしているというエミさん。前の夫や職場にも隠していたが、今の配偶者には、隠し立てせずに趣味を話している。

「子どものころから武道に親しんでいるからか、神社とか神道は嫌いじゃないようですね。お伊勢参りも毎年一緒に行っていますし、結婚式も神前式でやりました。『こういうの好きでしょ？』と鉱物博物館などにデートに行くこともあります」

仕事では、長年働いたＪＡＸＡを退職した。

「とても楽しい仕事だったのですが、組織にずっといるのは向いてないなと思い。今は別の研究機関で働きつつ、フリーライターとして活動を始めました。ライター名は、九星気学に基づいて、幸運を強力に引き込める名前にしました。その名前にした途端、連載も決まったので、早速ご利益を感じています。いつか、憧れの科学者さんと一緒に本を出すのを目標にしています」

・・・

本書に合わせて連絡すると、エミさんは引き続き、科学ライターとして活躍していた。執筆依頼も増えているそうだ。

「スピリチュアル趣味についてちゃんと話したのは、この取材が初めてでした。それをきっかけに友人にも体験談を話せるようになり、今や鉄板ネタに昇華しています。実はダメンズ話も、たくさんあるんですよ。付き合う男性ほぼ全員に殺されかけたことがあるとか……。最近、元夫の親族に、年間掛け金100万円という高額な保険金をかけられていたことも発覚しました（笑）」

奥が深すぎるエミさん。占いやスピリチュアルの知識をいいサーフボードとして生かしながらも、乗る波やタイミングは自分でしっかりとコントロールしているからこそ、この境地にたどり着けたのだろう。自分で決めた未来を語るエミさんの目の輝きに、最近おすすめの占い師を聞きたくなるのをグッと我慢したのだった。

Case

# 13

# 沼津で消耗していたくない、だから彼女はマンションを買った

ハルカ（28歳）

「郊外に引っ越しました」という連絡が増えた。

30代になって、周囲にパートナーとともに家を買う人が増えたのもあるし、コロナ禍によって、広く長時間過ごしても苦にならない家に住みたいという声が、世間的に大きくなっているとも聞く。実際、東京都はこの二十年以上ずっと転入者が転出者を上回る「転入超過」状態にあったが、最初の緊急事態宣言が発令された二〇二〇年五月に転出者が転入者を上回る「転出超過」となり、七月以降も長期にわたり「転出超過」を記録したという。連絡をくれた友人たちも、鎌倉・逗子など、東京に出る上でそこまで不便ではない風光明媚な土地に移住した人が多い。

しかし世間とは対照的に、このタイミング

で、東京の人気エリアに家を買った独身の友人がいる。ここ数年仲良くしているハルカさん（28歳）だ。

ハルカさんから連絡がきたのは二〇二〇年十月のこと。中央線沿線のとある駅から徒歩五分圏内の中古マンションを購入したと教えてくれた。１ＬＤＫのマンションの物件価格は３５００万円、もろもろの経費を含めて３７００万円。Ｃａｓｅ02のチヤコさんが買ったタワマンの金額５７００万円よりは控えめな価格だが、20代で一人で背負うローンとしてはなかなかの高額だ。しかもハルカさんは東京からそう遠くない、静岡県沼津市に実家があり、コロナ禍が始まった当初はそちらに身を寄せていたのだ。そのまま沼津に落ち着くのかな？とすら思っていたのだが、太っ腹にもマンションを買ってしまうとは……。

詳しく尋ねると、ハルカさんはこう話した。

「最近まで、家を買うつもり、ほとんどなかったんですよ。でも東京の家を引き払って故郷に帰ってみたら、東京への恋しさがどんどん募って。私の地元への恨みから、今回の物件購入を語らせてもらっていいですか」

「地元への恨み」という言葉は、東京育ちの私にとってはあまり馴染みがないものだ。ぜひと返事をした。

# 両親に翻弄された少女時代

物心ついた時から地元が嫌で、東京に行きたい気持ちを育てていたというハルカさん。幼少期からの家庭環境が、精神的にも経済的にもあまりいいものではなく、「社会的地位の高い仕事につきたい」切望もあったそうだ。

「うちってヤバイのかなと最初に思ったのは、保育園年長のころ。家に、お父さんとお母さんが一緒に写っている写真があって、自分がちょうどハートのシールを持っていたんですね。そのシールを両親の写真の真ん中に貼ってお母さんに見せたら、『やめてよ』と真剣なトーンで言われたんです。暴力はなかったけど、喧嘩は日常茶飯事でした」

父親は「悪いこと大体やってた」とハルカさんは評する。もともとは美容師だったが、次第に仕事をせずにギャンブルにのめり込み、浮気も数知れず。ハルカさんが中学生のころにフィリピンに渡航してしまい、帰らないまま今に至るのだが、渡航も借金取りから逃れるためだったと最近知ったそうだ。

「お母さんはお母さんでぶっ飛んでいて。父親のあとに付き合った人も、私には優しかったけど多分半グレ的な人でした。私が高校生のときだったかな。ある日その人がプレゼントに携帯電話をくれて、喜んで使っていたんだけど、しばらくしてから警察が来たんですよ。なんらかの組織的犯罪の捜査のなかで、私の携帯電話が重要な手掛かりになっていると。どうやらいわゆる〝飛ばし携帯〟で、私の手に渡る前になにかに使われていたようです。警察が私のメールやプリクラ画像を解析してたのかな……と思うと、ちょっとおもしろかったです」

両親は、ハルカさんが高校に上がるときに離婚した。母一人娘二人の生活。元は父親の持ち家兼仕事場の広い家に住んでいたが、離婚以降は築年数のかなり古い、狭い団地に引っ越した。母も美容師として働いており、ハルカさんも複数のアルバイトを掛け持ちしていたので、生活費はなんとかまかなえていた。ハルカさん本人は「自分の快楽のための消費ができない」体質に育ったと語る。

「子どものころから物欲を封じていたんだと思います。なにかを『欲しい』って気持ちが芽生えない。ゲームセンターとか、すごく苦手。小さいときに親戚のおじさんに連れて行かれて、100円渡されて好きなゲームやっていいよと言われたんだけど、ポケットにお金を入れたまま立ち尽くしてしまった記憶があります」

そんなハルカさんにとって唯一の願いが、東京に行くこと。しかも、東京の美大に進学したいと思っていた。子どものころから絵を描くのが好きで周囲から評価されており、中学の美術教師からも「美大に行ったほうがいい」と絶賛されていた経緯があった。

「沼津レベルの話だったので、東京に来てから全然大したことないのに気づきましたけどね（笑）。ダンスを習っていたので、演劇やパフォーマンスアートなどにも関心があったんですが、表現に関わる仕事のなかで一番稼げそうなのは、美大に行って広告代理店に就職することかなあと思っていました」

## 「内見」を知らなかった

家計に余裕はなかったが、母方の祖父の全面的な支援もあり、ハルカさんは私立の美大に合格、上京を果たすことになる。

「入ってみたら本当にやりくりが苦しかったんですけどね（笑）。学費が年190万円とかするので、学内でデモが起きてましたから。学費に加え、制作のための費用を自分で払わないといけないのもありました。お母さんからの仕送りもありましたが、向こうも大変なのがわかるので、支出は極力抑えて、奨学金とあらゆるバイトで生活費を稼ぎました」

学費・制作費も大変だったが、もう一つ悩みがあった。家賃である。東京での一人暮らしとなると、最低でも6万円は出す必要がある。そして最低金額の部屋を選ぶ場合、部屋の広さや築年数の浅さに期待できないのはもちろんのこと、オートロックがないなど、防犯面での心配も多い。ハルカさんが最初の住居に選んだのも、そんな部屋だった。

「常識がないせいで『内見』という概念を知らず。お母さんも、一言も教えてくれなかったんですよ。インターネット検索だけで家を決めたら、本当に大変なことになりました。夜窓ガラスがガンガン壊されたり、不審者につけられたり……。数ヵ月で引っ越し、バイト先の先輩とルームシェアすることにしました」

ルームシェアはリーズナブルで楽しかったが、先輩の事情もあり、長くは継続できなかった。ちゃんと内見をして見つけたのが、明大前駅そば、家賃6万円台のワンルームだ。落ち着いた住環境を手に入れたハルカさんは学業と就職活動に専念。大手広告代理店には落ちてしまったが、宣伝会社で企画営業職を得る。激務のため、恵比寿にある会社そばに引っ越し、家には寝に帰るだけの生活を送った。このときの家賃は7万円だった。

ハルカさんが「家」へのこだわりを育て始めたのはいつだったのだろうか？　ハルカさん自身も、「うーん、本当に最近だと思います」と言う。恵比寿での一人暮らし後、恋人と同棲して代官山のヴィンテージマンションに住んだが、ランチや日用品の相場にフラストレーションが溜まった。

「ランチ2300円とかするんですよ!? お洒落のために上乗せされている金額が許せなくて。お洒落代を取られたくなかったので、次は絶対別エリアに行こうと思ってました」

移り住んだのは、高円寺。生活費の相場が控えめな住環境に満足し、転職に成功して総合広告代理店のプランナーにもキャリアチェンジできた。お金や社会的地位に対してのコンプレックスも、このころから浄化されてきた。

「手取りが40万円を超えてきて、口座にも気付いたらお金が貯まっていて、読みたい本も買えて食べたいものも食べられるようになっていて、あ、もう大丈夫だなと思うようになりました。貧乏性なので、そんな贅沢とかはする気にならなかったけど」

## 樹木希林に背中を押されて

〝引っ越し魔〟から脱却したハルカさんだったが、二〇一九年、こんな言葉に出会った。

「(私の芝居の)ゆとりはどういうところから出ているかと言いますと、不動産をひとつもっているからではないでしょうか」(『一切なりゆき〜樹木希林のことば〜』文春新書より引用)

聞いたことがある人もいるかもしれない。二〇一八年に亡くなった女優・樹木希林の言葉だ。知人に連れて行かれた彼女の回顧展で、ハルカさんはこの言葉を知り、心打たれたのだと語る。

「監督や制作陣と喧嘩するのを厭わずに自由に演技ができるのは、先立つものがあるからって話なんですけど、これって私も意識したほうがいいなあと思って。サラリーマンだから固定収入はあるんです。でも、クリエイティブやデザインについてクライアントや社内と議論するときに、『私は不動産持ってるんだからクビになっても困らない！』くらいの気持ちがあると、もっと毅然といられるんじゃないかなと思い始めました」

独自の発想で、家を買うことを考え始めたハルカさん。そもそも彼女は、「内見」を知らなかったのと同様に、「不動産は買える」ことにも実感がなかったのだそうだ。「私が上京してから、母親が家を買ったんですよ。買えるんだ！　とそのとき知りました」と笑う。

しかし幼少期から「なにかを欲しい」気持ちが希薄なハルカさんは、即座に行動に移すことはできなかった。逆に二〇二〇年春、東京の家を引き払う方向に舵を切る。新型コロナウイルス感染症の拡大が深刻になるなか、東京で働くハルカさんを心配した母親が沼津に帰ってくるよう勧めたためだ。

「移動制限が徐々に始まっていたので、県をまたぐ移動をしていいものかは悩みましたが……。一人暮らしで人とも会えずにだんだん塞ぎ込むようになっていたのと、私は猫を二匹飼っているんですが、猫のいる状態で仕事するには家が結構狭くて。感染を防ぐため、母親が出してくれた自動車で移動する形で、必要最小限の荷物を持って猫とともに沼津に移り住み、東京の家を解約することにしました」

家まで引き払ったのは「完全にノリ」だというハルカさん。とにかく家賃の支払いがもったいないないという気持ちで、後先はあんまり考えていなかった。東京の家の荷物はすべて、月額2万円ほどのレンタル倉庫におさめ、半年近くは、沼津での生活を送った。会社はすでにフルリモート勤務となっており、そのまま暮らして支障はないはずだったが……ここで、ハルカさんの「地元嫌い」が発動する。

「改めて住んでみて、やっぱり沼津にはいたくないないと思いました。バイパス沿いにはチェーン店ばかりが立ち並んで、私の好きな古い個人店や銭湯、映画、演劇にほとんどアクセスできない。これは自分の経験による思い込みが強いので、沼津が好きな方には本当に申し訳ないですが……私は街並みや空気そのものに強い閉塞感を感じて、骨を埋めるのはここじゃないなと実感しました。いつの間にか、〝東京の生き物〟になっていたんです」

自分の帰る場所は東京だと確信したハルカさんは、二〇二〇年夏、ついに物件購入を本格的に検討し始める。第一歩として、〈不動産投資の話を聞くだけでAmazonギフト券3万円〉という触れ込みのオンライン面談に参加した。

「家を買えることすら大人になるまで知らなかったわけなので、役立つ知識がいろいろ手に入りました。家に新築と中古がある、戸建てとマンションがある、リノベーションについて、それぞれの資産価値、天災のリスクとか……。Amazonギフト券もちゃんともらえましたし（笑）」

セミナー後ハルカさんは、その会社の住宅販売部門に相談し、物件をピックアップしてもらった。「一番夢が膨らんでいた時期だった」と振り返る。いつか住んでみたい街だった、谷根千《やねせん》、墨田区、台東区の物件をあれこれと見た。

「すぐ現実に直面しました。3000万円台で探していたんですが、その辺りは、想定より500万〜1000万円くらい高くて。単身者向けの物件が少ないエリアだったのもあるかもしれません。五十物件くらい紹介されても、全然これだと思えるものがありませんでした」

理想のエリアで家を見つけるのは難しいと悟ったハルカさんのモチベーションは、いったん停滞期に入る。その住宅販売部門の担当者とのコミュニケーションに苦しさを感じていたという事情もあった。部門のなかではかなり高いポジションの男性だったのだが、営業トークはすべて自分の自慢から始まる上、部下の女性社員にすごく高圧的だったのだ。

「ジェンダーバイアスが強く『女性におすすめの家』という薦め方をしてくるのもストレスでした。『ハルカさんの好みわかりました！』とか言って、だっせえ家ばかり紹介されるし、結婚する予定あるのかとかも踏み込んでくるし……」

夫婦で物件を購入した友人も「担当者が夫のほうばかり向いてしゃべるのがストレスだった」と話していたが、独身女性が家を買うときにそんなトラップがあるとは……。極め付けに、ある物件の内見の際の担当者の言葉が、ハルカさんをうんざりさせた。

「私の手前に男性二人組が内見していたのですが、担当者がそれを見て『男二人はないでしょ～』と笑ったんですよ。この人を通じてはなにも買いたくないなと思い、会社にクレームを入れて、見切りをつけることにしました」

## 「家なき子」をようやく脱出

振り出しに戻ったハルカさんの物件購入。そこで救いの手を差し伸べたのは、なんと「沼津」だった。ハルカさんの母親のつてで、沼津で不動産業を営む昔馴染みの人を紹介してもらったところ、トントン拍子に話が進んだのだ。

「お母さん、『沼津の奴らだいたい友達』みたいな人間なんですよ。『○○さんなら安くしてくれるわよ』ということでその人を教えてくれたのですが、蓋を開けてみたら、私と同級生で幼少期に何度も遊んだことがある子で。東京の不動産事情にすごく詳しいわけではないけど、前の担当者のようなジェンダーバイアスもなく、私の好みや希望をしっかり汲み取りながら冷静な意見をくれる人だったので、本当に助かりました」

相性のいい担当者に出会った後は、絞った条件に合った好物件が出てくるのを待つだけだった。二〇二〇年九月、冒頭で触れた3500万円の物件を内見したハルカさんは、ようやく「家なき子」を脱する決意を固めた。

「スペックが本当に気に入りました。1LDKでペット可、日当たり良し、駅近、築浅。それ以外はそんなに……。でも、ここならあまり値崩れしないだろうし、永住するつもりじゃないから、いいかなと。思い切りが大事ですね」

頭金は少なめに、3000万円以上の三十五年住宅ローンを組むことにした。ローン審査は、予想以上に難航した。頭金が少ないことも大きかったが、意外な理由を知った。ローンには自分が住む住宅に使える住宅用と、他人に貸して収益を出す人向けの不動産投資用があり、この二つの用途では金利が異なるのだが、なんと独身女性の場合「ライフスタイルが変わって、ローンの支払いが終わらないうちに物件を人に貸すのではないか」と警戒されて、審査が厳しくなることがあったのだ。ハルカさんも何度か本審査で落とされた。七〜八つの銀行に申し込み、最終的にはとある銀行で、変動金利0.4％程度のローンを組むことができた。

「家を買ったことで、お金のことにすごく敏感になりましたね。友人からファイナンシャルプランナーも紹介してもらい、ＮＩＳＡやｉＤｅＣｏについても検討しています」

家を買って、樹木希林の境地に達せただろうか？

「いや、まだ全然ダメですね。ローン返済中だから、まだ家が自分のものという実感を持ちきれてないですし、会社クビになってもいいやという状態ではない（笑）」

家を買ったことで、周囲の反応も変化した。特に50〜60代以上の世代は「家を持つ」ことに重きを置いているのか、ハルカさんに対しての扱い方が丁寧になるのだという。

「私、古いお店が好きなので、場末のスナックとか行くんですよ。そういうところって男尊女卑がすごい人がいて、女がどうこうとか上から目線で言われることがあるんです。でも、どこに住んでるの？　家賃高いんじゃない？　と聞かれた流れで、この辺に家買っていてって話すると、私を見る目が変わるんですよね。バイアス強い人に反例を示すことができるのは、ちょっと気持ちいいです。ちなみに『猫飼って家買ったってことは、結婚は遠ざかったな』みたいに言われることはありますが、私自身は気にしてないです。そういう人にいちいち囚われないことが、樹木希林への第一歩なので」

・・・

その後、沼津へは帰っているのだろうか？

「コロナ禍で今は難しいですが、家族の集まりなどで今後もたまに帰ると思います。お金からある程度自由になってみたら、自分が沼津に必要以上に抱いている私怨と向き合っていくことが、樹木希林に近づく手段なのではと気づいたので、今後は沼津のよさをあらためて見つけていきたいです」

家を買ったところで沼津との〝和解〟に向かい始めたハルカさん。ローンを完済し、樹木希林の境地にたどり着くのを応援したい。

Case

# 14

# 激安シェアハウスで、夫ガチ恋の主婦は安心を得る

ユマ（43歳）

人付き合いが得意ではないが、友人は多い。それらはすべて、ソーシャルメディアを通じて声をかけ、対面したオタクの女性たちだ。本書で話を聞いてきた女性も、九割方がそうである。

近所に住んでいる幼なじみなどと違って、その人の人生のイベントごとに逐一関わることはできない。しかし一度没交渉になっても、「あの現場一緒に行こうよ」と声をかけあうことで、細く長く関係を続けられている。タイムラインに時折流れてくる結婚報告や出産報告、転職報告などをファボって、「久しぶりに話したいな〜」と連絡することを繰り返して、私の友人関係が形成されている。私を現在の私たらしめている、とても大事な要素である。

そんなふうに数年交流を続けている女性のひとりに、ユマさん（43歳）がいる。知り合ったのは私が20代半ばのころだろうか。当時私は、とあるジャニーズグループを推しており、Twitterで「こういうエピソードを押さえておくともっと楽しめますよ！」「今度こんな現場がありますよ！」と情報を教えてくれた親切なオタクアカウントの一つがユマさんだった。気さくで布教上手のユマさんは、現場でも常に何人ものオタク友達とやりとりしており、友人を家に招いたDVD鑑賞会なども頻繁に行っていた。私とユマさんは当初オンラインでワイワイ萌え話をするにとどまっていたのだが、一度飲んだらなんとなく馬が合って、お互いに誘い合うようになった。ユマさんもフットワークは軽いわりに対人コミュニケーションには難アリなところがあって、既婚で年上の彼女がこれまでに経験してきた恋愛や仕事のあれこれが、私の人生の悩みと通じるところがあったのも、仲良くなった一因だったと思う。今私はそのアイドルグループから離れてしまったのだが、私生活でウワーッとなることがあると、ユマさんにサイゼリヤで話を聞いてもらうような関係が形成されている。

二〇二〇年三月、私はユマさんに数ヵ月ぶりにLINEをした。ネットでサイゼリヤの羊肉の「アロスティチーニ」なる新作が話題となっており、新型コロナウイルス感染症の猛威で緊急事態宣言に突入する前に、サイゼリヤ好きのユマさんとトライしてみたいと思ったのだ。いつものユマさんであれば「いいですね！　ぜひ」と返事が来るはずだったが、そのときは違った。

「実は、この前夫から『家を出てけ』って言われて、先週から赤坂のシェアハウスで暮らし始めたばかりなんです。どうしてそんなことになったか含めてひらりささんに話したいんですけど、今はバタバタしてるんで、ちょっと待ってもらえますか。あ、すごい元気だから心配しないで！」

矢継ぎ早の情報にさすがの私も混乱した。一体なにが……と思いつつ、その後長期的なコロナ禍もあり会えない日々が続いていたが、オンラインでやっと話ができた。ユマさんは現在、蒲田のシェアハウスで一人暮らしを謳歌している。この一年に起きたこととそこに至るまでの長い経緯を、改めて聞いてみた。

## 恋とキャリアとADHD

ユマさんが夫と結婚したのは二〇一三年、知り合ったのは二〇〇六年。知り合ってから結婚までと結婚してから別居までの期間が、ほぼ同じくらいだ。住んでいる街の飲み屋で居合わせたところから、仲良くなった。ユマさんは当初から彼に夢中だったが、向こうはそうではなかった。

「たしかに交際を始めたはずなのに、向こうが途中で『セフレだ』とか言い出して。他の人と遊んでたとかではなくて、私と彼の性格があまり合わないのが我慢ならなかったようです。彼は何事もきっちり行うのが好きなタイプなんですね。対する私は、無計画で貯金もゼロ。夜中に酔っ払って彼に電話をかけてキレられる、ということもありました」

そのときユマさんは29歳。都内の私立大学卒業後、製薬会社でMRをしていたが、幼いころからのADHD傾向ゆえに業務上のストレスが蓄積し、別業種へ転職したばかりだった。

「しゃべるのが得意だから営業は得意だ、と思ってMRを始めたんです。でも、営業って、今日はどこに訪問するとか計画や目標を立てて、自分をすごく管理しないといけないんですよね。それができなくて、だんだんサボっちゃって、誰にも指摘されないんだけど、自分自身の罪悪感で潰れそうになって……」

限界を迎えたユマさんは、治験コーディネートの企業に転職。製薬メーカーが開発中の薬の治験をスケジューリングして、進めていく仕事だ。サボらなくなった点で精神的に楽になったものの、手続きや規則に合わせてきっちり進めなければならない仕事だ。転職したてのころから小さな不手際が頻発し、「いつかミスして大損害を起こすかも」という恐怖に襲われたユマさんは、うつ病になってしまった。

そのとき、どん底のユマさんを救った出来事があった。恋愛……ではなく、友人の紹介で、ＡＤＨＤ外来を訪れたことである。自分でもなんとなく疑っていたが、実際ＡＤＨＤであるという診断を明確に受けて、肩の荷が降りた。

「人生に対してポジティブになれましたね。私には大きな企業の正社員でバリバリ働くのはやっぱり無理なんだな、と割り切れてほかの道を行こうと思えた。すべてに対して固執しないメンタルになれて、夫の『セフレだ』宣言にも、じゃあいいよと思いました。会うのをやめて別の人と付き合ったり、新しい仕事を探したり、前向きに暮らしていました」

## 震災がきっかけでゴールイン

ここでユマさんと夫の縁は切れると思いきや、そうはならなかった。酒好きの二人が同じ街に住んでいると、再会の機会は多いのだ。久しぶりに鉢合わせたところ、以前より明るくなったユマさんに夫が再アプローチ、改めての交際が始まった。

「そのころの私は、会社勤めを諦めてヨガインストラクターを目指す勉強をしていました。心を入れ替えたと思ったらしく、すごく褒めてくれました。一緒にいるとやっぱり楽しかったですねえ。お酒も好きだし、同じ野球チームも好きだし。このとき、夫のほうにも仕事の転機がありました。民間企業で働いていたのですが、資格をとって、前から憧れていた行政書士になったんですね。それまで彼は実家暮らしだったのですが一人暮らしをしようかなと言うので、だったら一緒に住もうよと私からグイグイいって、同棲を始めました。二〇一〇年くらいかな」

二人の仲は、それまでのどんな時期よりも穏やかなものになった。ヨガの勉強をしながら試験監督のバイトをしているユマさんがいつも先に自宅に帰って夕飯をつくり、後から帰ってきた彼と一緒に食べる生活。そんななか、東日本大震災が起きた。

「お互い職場にいたんですけど、揺れてる最中に、彼が電話をかけてきました。『電話つながるうちに連絡しておく。無事は確認できたから、あとはお互い自力で帰ろう』とだけ伝えられました。深夜になんとか家に帰ると、彼が先に帰って、水とか生活必需品を調達してくれていた。こんなに頼りになる人だったんだ！　と感動しました。向こうも地震をきっかけに将来を考えたらしくて……。準備期間を経て、二〇一三年に婚姻届を出しました」

絵に描いたような〝震災婚〟でゴールインした二人。すでに通算七年の関係があり、お互いの性質も熟知していると思っていたが、二人の相性のズレは、結婚を機にむしろ顕在化していくことになった。

# 収入が違うのに、家計負担は平等

結婚すると大体の夫婦が話し合うのが、お金のことだろう。ユマさんと夫がぶち当たったのも、家計の問題だった。性質に合わせてバイトや派遣社員で暮らしていこうと決めたユマさんの収入が夫に比べて低く、生活費をめぐるトラブルが起きるようになったのだ。

「念願のヨガスタジオで勤務し出したんですが、シフトが少なく手取り月収が5万円とかで(笑)。さすがに生活が成り立たないなと思い、元々働いていたMR業界に契約社員として戻ることにしたのですが、その手取りが16万円。別のバイトを入れても19万円。奨学金の返済や、親から引き継いだ生命保険の支払いなどがあって、毎月固定の生活費を折半し共同口座に入れると手元には毎月2万円ほどしか残りませんでした。夫に、娯楽費や臨時支出などは全部出してもらっていました。お金をずっと借りているのに近い気持ちでしたね」

家計のルールは、それぞれ月8万円を夫婦の共同口座に入れること。結婚してから義父母が持っているマンションを廉価で借りられたので、家賃負担はほとんどなく、生活費をまかなった上で貯金を積み立てていくイメージだった。しかし、頻繁にオタク現場への支出を優先して、生活費の振り込みを先送りにしてボーナスで尻拭いをするようなユマさんに、夫は次第に苛立っていった。

ただ、疑問も残る。収入が違うのだから、生活費も傾斜をつけて支払うルールにすればよかったのではないだろうか？

「私から『多く出して欲しい』とは言えなかったですね。家事を余分にやるとかも考えたんですけど……実は夫、家事が得意なんですよ。私ができるのは料理くらいなんだけど、お金を稼ごうとして、仕事後の居酒屋バイトを入れたりしているうちに、夫より早く帰れなくなって。収入が少ないのも自分のせいだし、正当な理由が思いつきませんでした」

月々の生活費を入れなくては、という焦りから、収入を増やしたいと考えたユマさん。結婚して数年後、なんと契約社員をやめて、フリーターになる決意をする。

「居酒屋バイトは、深夜帯に入れると時給が上がるわけですよ。バイト仲間の大学生に手取りを聞いたら、20万円以上あると言うんですね。手取り16万円の契約社員が本当につらかったので、もう居酒屋オンリーにしようかなと決意し、夫にも伝えました。特に止められなかったんですけど、このときには私に対して、『計画性のない女だな……』と呆れていたみたいです」

## 結婚がバイトのネックに

蓋を開けてみると、フリーターは稼げなかった。深夜のシフトは枠が限られており、なかなか入れてもらえなかったのだ。ユマさんが働いていた居酒屋はオープン直後で、最初こそ朝五時まで勤務の枠があったが、客入りの落ち着きとともに営業時間も短くなっていった。

「最初の二ヵ月は手取り16万円くらいもらえましたが、その後、9万、8万って下がりましたね。『もっとシフト入れて欲しい』と店に伝えても、『シフトが一枠のとき、優先するのは、結婚していない若い子のほうだ』と言われてしまいました。そりゃ、そうですよね」

居酒屋バイトで結婚がネックになるとは。「独身だったらもっとシフト入れてもらえて、大変じゃなかったと思う」とユマさんは歯がみする。

「自分にもまだ『まあ結婚してるしな……』という甘えがあったし。お金がないからって朝も昼も働きたくないという気持ちがありました。実際、休日は夫と一緒にいたいから、土日のシフトは一切入れてなかったんですよねえ」

結局、ユマさんは友人を頼り、オフィスの事務のアウトソーシングを行っている企業で、業務委託で勤務し始めた。二〇一九年、42歳のときのことで、今もこの仕事を続けている。

やっと一つの仕事だけで手取り19万円得られるようになったユマさん。業務内容も自分の特性にも合っていて、満足だった。これまでの人生のなかで最も心穏やかに暮らせると安心していたところ……夫からの「出てけ！」が発生した。


ユマさんからすると、青天の霹靂だったという。それまでも半年に一度ほど、ユマさんの言葉に相手が激昂し、口をきいてくれないことはあったが、いつもおさまっていたのだ。

「私も悪いんですよ。例えば、まだ同棲していないときに、彼が家に来てお皿を洗ってくれたんだけど、『洗ってくれてありがとう、でもお皿は自分で洗わないと信用できなくて』と言ってしまったりとか……。当然喧嘩になりました」

「出てけ！」が発せられたときも、似たようなパターンだった。その日は、夫に仕事の飲み会があり、ユマさんが先に帰っていた。

「家の鍵をうっかり忘れてしまい……家に入れなかった。で、夫にLINEをしたら、飲み会は終わって、馴染みの居酒屋で飲んでいると言うので、私もそこに行くことにしたんです。二人で飲んで店長と話しているときに、彼が『ユマは部屋の掃除をしない』って言うんですよ。それに私も軽口のつもりで『そっちだって片付けない人じゃん〜』と言ったら、大激怒されてしまった。人前で俺のことを馬鹿にした、いい加減な生き方をしているお前に言われたくない、お前と俺は対等じゃない、と捲《まく》し立てられ、『出てけ！』となりました」

## 「とりあえず」で探したシェアハウス

ユマさんは驚いたものの、一晩経てば彼の気持ちは収まるだろうと思っていた。しかし朝になっても彼は口をきいてくれず、一週間が経っても「気持ちは変わらない。出ていけ」と言われる。夫婦共同口座に積み立てられた貯金の一部を渡されたユマさんは、「とりあえずの別居」をしたほうが二人の関係にはいいだろうと判断。ちょうど最初の緊急事態宣言が出る寸前の二〇二〇年三月、内見する間もなく、赤坂にあるシェアハウスへの入居を決めた。結婚生活の再構築が前提なので、親にもこのことは伝えなかった。

家を決めてからの数日間は、夫はすごく優しかったと言う。

「シェアハウス入居後、毎月衣服などを取りに家に戻ってたんですけど、そこでも普通にしゃべれてました。ただ、しばらくすると、機嫌にだんだんムラが出てきて、『いつまで帰ってくるの？』と問いかけられたりしました」

意外なことに、シェアハウスでの生活は、ユマさんに安堵をもたらした。生活費8万円の負担がなくなり、固定の支出が家賃3万9800円とスマホの通信費2万円ほどで済むようになった結果、金銭的な余裕が生まれたためだ。毎月の収支が赤字になることがなくなり、ストレスなく自活できるようになった。

ユマさんの住居は、二段ベッドの上下で二人入居できる部屋の、下段ベッド部分。部屋自体、ちゃんとした壁で区切られておらず、雑居ビルのフロアを無理やりパーティションで分けているような状態だったが、それでもユマさんには〝自分の城〟だった。

「前の住人宛と思しき、消費者金融の督促状とかもしょっちゅう来てましたね。でも、すごく楽しくて。夫より遅く帰って、ごはんをつくれなかったことに罪悪感を持つこともなく、先に寝ている人に気を遣うこともない。友人から『芝居のチケット一枚あるから行かない？』と誘われても、すぐに返事ができる。解放感がありました」

半年経ったころ、ユマさんは決意した。継続的に一人暮らしをしていくために、より過ごしやすい別地域のシェアハウスに引っ越すことにしたのだ。

「二段ベッドを最初一人で使えていたんですが、上のベッドに、新しい住人が入ることになっちゃったんですよね。上で人が生活していると、震度3くらい揺れる。これは無理だなとなり、即座にスマホで検索して、今のシェアハウスに申し込みました」

現在の住居は家賃5万5000円。最初のシェアハウスに比べて家賃は格段に上がったが、壁でしっかり囲まれた部屋を一つ使え、築浅で共用部分には定期的に清掃も入る。近所にいい飲み屋も多く、コロナ禍でそうした店に通えず寂しいことだけが悩みだ。

夫との関係再構築は、どうなっているだろうか。聞くと、「年明けに、離婚に同意することにしました」と答えた。

「昨年秋ごろに夫と会ったときに、ものすごく冷たくされて。年末年始にはさすがに義実家への帰省などもあるから、私としてはその前に関係が修復できればと思っていたんですが、夫は全然そんな気がなく。帰省どうするの、と訊いたら『もう離婚するって言ってあるから、来なくていい』って言うんですよ。それで私もさすがに力が抜けてしまいました。向こうのご両親は二人の状況を理解してくれて、『どっちかだけが悪いということはないから自分を責めないで』と励まされました」

## 降ってわいた身内の死

さらにユマさんの人生に、予想外の出来事が起きる。それは、ユマさんの母親の脳溢血による突然死だった。

「まだ、夫との別居も、離婚するかもしれないって話もできてないままで。緊急事態宣言が明けて、落ち着いたら、直接言おうと思っていたのですが、間に合わなかったですね。あまりにも突然だったので、まったく頭が回りませんでした。別居している夫を頼りました」

警察への連絡や事情聴取など、葬儀の手配以外にも、いろいろやるべきことがあった。一度冷たくなったはずの夫は、震災時に見せた頼もしさで、ユマさんに寄り添ってくれた。

「母の死に伴う手続きがある間は、元の自宅に戻って、夫と暮らしました。普通に楽しくごはんを食べて、仕事も休んでるから、長時間一緒にいられましたね。喧嘩とかもなく。それで一、二週間経って葬式が終わったときに、二人で改めて話し合ったら、今までとは違って険悪な空気なしに『やっぱりこれ以上一緒にはいられないでしょう』と向こうから切り出されました。私は『一緒にいられるんじゃないかなと思うけど』と言ったんですが……、夫に私のことが引き続き信用できない、と明言されました。付き合ったり別れたりしていたときのように、もしかしたらまたヨリを戻すこともあるかもしれないけど、それにしても今回は書類上はキッパリ離婚して、財産とかも清算して、それでも会って楽しいなと思えたらまた結婚すればいいよ、と」

他人からするととても身勝手な提案のようにも思えるが、ユマさんにとっては納得できる言葉だった。また、ユマさんのなかでは、実の母親に離婚のことを言うのが一番のプレッシャーだったという本音もあった。そのハードルがなくなったこともあり、ユマさんは夫の言葉を受け入れて、離婚の準備を進めている。

「でもかなりゆっくりやってます。半年くらいかけて、二人の家にある私の荷物を引き上げるようなスケジュール。まだ離婚止められるなら止めたいと思ってますよ。だって、単に離婚届にハンコ押せばいいだけじゃなくて、いろいろ面倒な手続きがあるじゃないですか。ADHDからすると本当に勘弁して欲しい（笑）」

それでも、シェアハウスでの一人暮らし、そして離婚を決意する流れのなかで、得たものは大きかったと断言する。

「あのまま何事もなく結婚生活を続けていても、どこかで破綻が来たでしょう。夫のためというより、自分が『お金がない』と言い続ける人生を変えるために必要だったかなとすら思います。あと、激安シェアハウスに住んだおかげで、少し自己肯定感が上がったんですよ。というのも、共用スペースを掃除していたのが私一人だけで。お風呂に入ると、必ずビニール袋を手につけて、そのとき住んでる七人分の髪の毛を取ってました。『もしかして、私結構しっかりした人間なのでは!?』と思いました（笑）」

ユマさんはまだ、夫のことが好きなのだろうか？

「全然好きですね。私、夫のこと本当に男として好きなんだな、とは事あるごとに感じてます。まあ、嫌だなと思って、次の相手を見つけようと思えば、私のほうがすぐ見つかるとも思ってますけどね！」

シェアハウス生活のなか、ユマさんが支えにしているものがある。とあるお笑い芸人のYouTubeだ。

「お金がないし、コロナで現場のないなかでハマったんですけど……お金もかからないしおもしろいし供給が無限にあるので、本当に彼一色の生活になっています。ガチ恋で、年甲斐もなく、飲み会とかで出会えたら付き合って欲しい！　と思ってるくらいなんだけど、最近気付いてしまったんですよ。彼の骨格がかなり夫と似ていることに……」

骨の髄まで〝夫ガチ恋〟オタクのユマさんらしい告白だった。

・
・
・

Case

# 15

# 投資オタクに惚れた結果、私が150万円を失うまで

ひらりさ

ここまで、さまざまな〝沼〟にハマって思わぬお金を使ったり失ったり、逆に得たりしてきた十四人の女性に取材をしてきた。あくまで取材者として話を聞いたものも、ときに関わった一件をつづったものもあったけれど、人の話を聞けば聞くほど脳裏に浮かんでくるのが、自分自身の溺れそうになった数々の〝沼〟だ。

オタクとして散財した話は枚挙にいとまがないし、語学留学のように高い買い物をして学んだこともある。ただ、どうにもまだ折り合いがついていないものとなると、私の場合、恋愛がらみの失敗だ。30代になってからはあまり暴走せずに済んでいるが、20代ではそれでお金を失うこともあったのだ。といっても、誰かに貢いだとかヒモを養っていた、とかではない。とあ

る男性と知り合い、彼に夢中になった結果、彼と共通の趣味を持とうとして、その趣味で大損失を出してしまった話だ。

男女問わず、人を好きになったときに「その人の趣味を知りたい」と思うことはあるだろう。私が20代半ばに出会ったのは、〝投資〟オタクの男性だった。彼とはマッチングアプリで知り合い、何度か会ううちに友人になった。正確に言うと、私のほうはアプリでマッチングした時点で彼――仮にX氏としておこう――に熱を上げて、本当はかなり交際したいなとも思ったのだが、彼のほうはあまり恋人をつくりたい時期ではなかったようだった。飲みには連れて行ってくれて必ずご馳走してくれるが、いつも仕事の話で盛り上がり、結局どちらからも恋の駆け引きめいたことは発生せず、清らかな関係が続いた。そのうち共通の知人がいることが発覚して複数人で飲んだりすることが増えて、ゆるやかに友達としてのポジションが固定化してしまったというのが正しい。

X氏の本業は週刊誌の記者。30代になる前に1000万円を貯め、それを頭金に投資用不動産を購入し、さらに株式や投資信託、外貨積立などにも手を出しているという彼は、本業も多忙を極めているにもかかわらず、毎日こまめに投資の情報を収集し、高利回りで収益を得ていた。本人曰く、「トータルで年利回り20％くらいかな」とのこと。

彼から直接投資商品を売りつけられるようなことは決してなかったが、私は、投資に関することなら自分の利益にならずとも嬉々として答えてくれる彼とのＬＩＮＥを長続きさせたくて、あれこれ質問しているうちに、興味を持つようになった。知識を得たら、当然実践したくなるものだ。実は幼少期からのお年玉を母親が株式運用してくれていたのもあり、まずは、その株を一度売って10万円ほどの含み益を確定させた。そして口座の現金に自分の貯金をちょっと継ぎ足して、自己流での株式投資を始めた。

## 「日々動く数字」に翻弄されて

知識を得たからと言って、株式投資で継続的に利益を上げるのは、そう簡単ではない。日々の値動きをチェックして、適切なタイミング・金額で売買の注文を入れ、損をしそうなときには臨機応変に撤退するというこまめな判断には、カンと経験、タイミングを待つ根気が必要だ。ビギナーズラックとＸ氏のアドバイスもあって、銘柄によっては数万円程度の利益を出せることもあり、一時期は得意げに投資報告ツイートをしていた私だったが、時が経つにつれ、「うーん、よくわからないけどとりあえず買っちゃおう」「下がっちゃったよ怖いよ売っちゃおう」と、片手間で雑すぎる売買を繰り返していくスパイラルに陥った。そのくせ「損を減らすためにも元金を増やさないと！」「そろそろ貯金もたまってきたしもう少し口座に入れちゃうか」を連発した。投資初心者の大半には心当たりがある失敗だと思う。

50万円を超える大幅なマイナスを出してどうにもならず、一度所有銘柄をすべて売って、株式の短期トレードを諦めることにした。心配性ゆえ「完全になくなっても困らない金額での投資」は守っていたので、幸い路頭に迷いはしなかったが、流石に呆然とする損失額だった。せっかく母が十年以上かけてつくった10万円も、もちろん無に帰した。「やっぱり毎日コツコツやらないといけないものは無理だ！」と観念し、しばらくは節約生活に徹した。

そこで投資をやめていればめでたしめでたしだったのだが……、落ち着きのない私は「日々動く数字」を眺める快楽を忘れられなかった。そう、投資って、上がっても下がってもなんだか脳内麻薬が出てしまうのである。私にとっては、ギャンブルのハラハラに近い快楽があった。ゆえに株式投資をやめたくせに仮想通貨ブームに乗っかる愚をおかし、なんと、そこでも損失30万円を生み出すことになる。さすがに懲りるだろうと自分でも思うのだが、二度あることは三度あった。「ソーシャルレンディング」に手を出し、それまで以上の損失を出してしまったのだ。

## 最初の高リターンに油断して

ソーシャルレンディングとは、簡単に言うと「お金を借りたい企業・事業者」と「お金を貸したい個人」をネット上で結びつける、新しいタイプの投資サービスである。「クラウドファンディング」を想像してもらうとわかりやすいかもしれない。クラウドファンディングは、大きな金額が必要なプロジェクトを検討している人が、個人の支援者から少額のお金を集めてプロジェクトを実現し、その成果物や付随するおまけをリターンとして支援者に返還する仕組みだが、ソーシャルレンディングでは、リターンとして元本とお金を貸していた間の利息が投資主に償還される。企業や社会事業の資金調達をより柔軟にするための新しいサービス形態、ということで投資家の間では当時ポジティブに注目されており、様々なサイトがスタートしていた。口座の開設手続きがネット上で完結するシンプルさ、ファンドに出資してしまえば返還期日までほったらかしにしておける手軽さなども自分に合っていると思い、数あるソーシャルレンディングサービスのなか、A社のサイトに口座をつくった。

なによりこのサービスとサイトは、X氏が教えてくれたものだった。彼は私より先にこのサービス上で案件に投資し、利回り10%のリターンを得ることに成功したと、興奮して連絡してきた。引き続きX氏は私に投資を強く勧めたわけではなかったが、それらの話への興味を見せるとすごくうれしそうなLINEが連続するのに絆《ほだ》されてしまい、私も投資を決意した。当時A社が扱うファンドへの投資額は年間50億円を超えており、どのファンドもとても人気で募集が出た途端に埋まってしまうから、とにかくそのとき空いている案件に、よく詳細を読まずにベットした。一口の最低金額である30万円を二案件に投じる、合計60万円分の投資だ。

おそるおそる投資期間の六ヵ月を過ごしたら、元本と予想されていた利息が戻ってきた。その利回り、およそ8〜10%。株式投資で盛大に失敗し、仮想通貨でハッカーによる資金流出に巻き込まれたあとでは、とてつもない成功に感じられた。「自分で値動きをチェックする必要もなく、ただ待っていれば利益が出るなんて、なんて安全で確実な投資なんだろう！」という喜びもあった。

その時点で手を引ければハッピーな話として終わったのだが……私は、またしても過ちを犯した。最初は恐る恐るやっていたのに、ビギナーズラックに調子に乗った私は、戻ってきた70万円ほどにちょうど貯まってきていた貯金をさらに足し、二〇二〇年まで続く四つのファンドに投じることにしたのだ。

今回も、忘れて仕事して寝て起きているだけで8〜10％のリターンが戻ってくるんだろうな〜と、ウキウキしながら運用して数ヵ月がたったころ、事件は起きた。忘れもしない二〇一九年二月二十二日の夜、「重要なお知らせ」なるメールが飛び込んできたのだ。

〈本日、証券取引等監視委員会は、当社に対する検査結果に基づき、内閣総理大臣および金融庁長官に対し、当社に行政処分を行うよう勧告いたしました。〉

？？？

# うまい話にはリスクが付きもの

ソーシャルレンディングは、実は元本が保証された投資スキームではない。8〜10％の利回りが予想されていても、元本割れすることもある。一応そのリスクは承知したつもりで投資していたが、もたらされた事態はそういう次元ではなかった。このメールだけではなにが起きたのかわからず、SNSを検索したり、投資に関する掲示板を眺めたりしていると、どうやら、その会社が募集していたファンドのために集められた資金が、取締役の一人が持つ別会社に流出しており、それまでに支払われていた月ごとの利息を除いては、1円も戻ってこないだろうことがわかってきたのだ。つまり、その会社が募集していたファンドの大半は中身のない虚偽案件に等しいものだったのだ。「詐欺」と言っても過言ではないだろう。

日を追うごとにネットに増加する個人投資家の悲鳴と、A社からの謝罪メールや新聞の報道などで詳《つまび》らかになっていくずさんな運用の実態。何度も人気ファンドとして登場していた債権担保付ローンファンドが投資先としていた除染事業が存在していなかったのが発覚したり、A社は「取締役員に官僚OBを多数抱えている」ことが信頼の根拠として打ち出されていたのにその名前が名簿から一気に消えたり……。毎月律儀に管理画面にアップされていた運用報告書は一体なんだったのだろう?

私は、呆然とするしかなかった。当時運用していたのは160万円。月割りで支払われていた利息を除いても、150万円が戻ってこないのはほとんど確実だった。事が起きて初めて、自分がいかに、投資のリスクに対して無頓着だったかが身にしみた。

「うまい話には裏がある」と言うとおり、投資には、織り込み済みのリスクだけでなく、「サービス側がうたっている保証・安全が信用できない」「よからぬことを考えている人に食い物にされる」可能性もある。とくに「まだ新しい」「利回りがいい」投資ならなおさらである……ということを私は痛みをもって理解した。

それでもソーシャルレンディングについては、X氏がやっているからこそ信頼していた面があったのだが……、日々の株式投資をやめてからはしばらく連絡していなかったX氏に「メール見ました?」とLINEすると、こんな答えが返ってきた。

「え、まだ投資してたんですか? ああいうのは黎明期で安定してないから、一度収益を得たあとは使ってなかったです。これからサービスが淘汰されてくんじゃないかな」

つまり、私が調子に乗ってソーシャルレンディングへの投資を繰り返している間、彼はさっと手を引いて、利益を損なうことなく逃げ切ることに成功していたのである。たとえ水先案内人がいようとも、私の投資はあくまで自分の判断でしたもの。たしかに私はX氏にかなりの影響を受けていたが、だからといって彼には、逐一親身に自分の投資状況や変化する判断を開示する義務もないのだった。私は彼の恋人でも身内でもなかったし……。

## 長い片思いからも脱出

さらに、ほとんど薄れつつも存在していたX氏への恋心に、追い討ちをかける出来事があった。X氏はマッチングアプリではなく別のところで出会った女性と結婚をしており、私も

LINEはするものの二人で会うのは控えていた。しかし、共通の知人と三人で飲み会をしようと集まった夜、その知人が仕事で来られなくなってしまい二人で飲むしかなくなったことがあった。そのとき、X氏から最悪の一言を放たれたのだ。

「ひらりささんと結婚してたら幸せだったのになあ」

こいつ、私から好意を匂わされている時期にはガン無視して、ほかの人と結婚して、結婚式にも呼んでおいて、なにを言っているんだ……？

しかもこの言葉とともにキスまでされそうになったので、私は慌ててかわし「もう酔っ払いすぎですよ」といなした。深酒して判断が曖昧になっていたため、その場で怒る瞬発力はなかったし、X氏の肩を持つわけではなく、客観的に考えて、そのときの私は「付け入る隙が感じられる顔」をしていたのかもなあとも思ってしまう。

翌朝には事態が飲み込めて、たとえ私サイドに落ち度があるにしても、向こうが私という人間を軽んじているからこその行動だなと残念な気持ちが湧いてきて、LINEを完全にブロックすることができた。それ以来一度も会っておらず、メッセージも交わしていない。私はそこでやっと「投資中毒」から脱し、長く低空飛行で残っていたX氏への好意も手放すに至ったのだった。というか、投資のほうのトラブルがあったからこそ、X氏への好意が削られて、前出の事件の際にLINEブロックという対応を取れたのかもしれない。

現在、私は集団訴訟に参加しており、訴訟が進行している。コロナ禍のため期日はオンラインで開催され傍聴もできない状態だが、メールで報告が送られてくる。訴訟戦略上、詳細をSNSや文章で発表することは弁護団から禁じられており、詳しいことは書けないが、訴訟参加を検討している人のための説明会の雰囲気、その帰りに交わした被害者同士の会話、裁判中に明るみに出ることになる様々な事実、と普通に人生を生きているだけでは経験しなかったあれこれが発生した。もう割り切って、毎度のメールを楽しんでいる部分がある。いや、経験しないに越したことはないし、早く終わって欲しいが……。

20代のころ、当時の上司に貯金したいのにお金がたまらないことをこぼしたら、こんな言葉をかけられた。

「20代のうちは貯金が0円でも、若いときにしかできない経験に惜しみなく金を使った方がいいよ。30代以降の糧になるから」

彼の意図としては、若いときにモノやサービスから勉強できることは、使ったお金以上のリターンになる、という話だったろうが、私の若気の至りによる恋愛失敗及び投資詐欺被害談にもこれは当てはまるなと思った。例えば、60代まで投資で失敗をしたことがないまま年金全額つっこんで同じ目にあっていたら、もう立ち直りようがないし。それにもし、このような投資トラブルに巻き込まれず、X氏に対する信頼を維持したままだったらX氏に絆されて不倫がスタート、慰謝料300万円を背負うという事態もあったかもしれない。その後他の人から「これは不倫の誘いかもしれないな……」と思わせられるイベントがあるにはあったが、「慰謝料！　泥沼！」と思って遠ざけることができたのも、X氏との一件があったからだなと思う。そう考えると、150万円というのは、そこまで高い買い物ではないのかもしれない。いや、戻ってくるなら戻ってきて欲しいが……。

自分の溺れそうになった〝沼〟を、無理に教訓や将来に結びつけることをするのも、それはそれで不健全かもしれない。ただ、30代になって、自分の人生でなにを選択する場合も――お金の使い方にしろ人間関係の選び方にしろ――最終的に自分で責任を持たなければならないことが身にしみているのは、間違いなくこの出来事を経たからだと思う。

まあ、自分が負った痛手の記憶が時とともに薄れて、また同じようなタイプの人間に翻弄されたり、投資で失敗したり……ということが絶対にないと断言はできない。だからこそ記憶が鮮明なうちに、恥ずかしいなりに自分ののたうちまわった記録を残しておくことに、意味があるような気もする。

この本を手に取っているあなたが、ただ笑って読んでくれてもいいのだけど、もしなにか自分の人生に引きつけて考えられることがあったなら、私にとっても救いになるはずだ。あなた自身が足を浸している〝沼〟の存在に思い至り、なにか打ち明けたいことができたなら、いつかこっそり教えてください。

# おわりに

10代のころ、誕生日を迎えるたびに落ち込んでいた。

年をとるのが嫌だったわけではなく、むしろ逆だった。少女マンガの主人公たちのように、魔法の力に目覚めたり、運命の恋が降りかかってきたり。自分が〝特別な存在〟だと証明されるような、ドラマチックな出来事が起きるのではないかと期待していたのだ。

しかし、いくら待ってもそのときはやってこなかった。18歳になると諦めが生まれ、19歳でさすがに見切りをつけた。

同時に知ったのは、より現実的な〝幸せ〟を手にするために、周りは一足先に努力していたことだった。世間で知られている企業に入るために就活をがんばったり、安定した生活が保証される結婚相手を探したり。身の回りのしょうもない出来事を語り合って一緒に笑い転げていた相手が、いつの間にか将来の話をしている。

自分も計画を持って〝普通の幸せ〟を得ようと努力していないと、彼女たちの輪から弾き飛ばされてしまうのではないかと、一気に不安が押し寄せた。

合コンに行っては交際相手を探し、進路に悩みながらも留年せずに就職し、〝普通の幸せ〟に近づけるように努力した。まわりが先に結婚しても、子どもができても、家を買っても、とりあえず同じ幸せを目指している限りは、変わらず仲良くいられると思った。でも時折、本当にその〝幸せ〟を楽しんでいる自分の姿が想像できずに、吐き気のような憂鬱に襲われた。脳内にうっすらとは浮かんでいる人生の道筋は、「30歳」のところで崖みたいに断絶していた。

時はすぎて、31歳。結婚もせず、子どもも生まず、家も買っていない。フルタイム会社員をしているけれど、もうすぐ退職してフリーになる。〝普通の幸せ〟だと思っていたものから、ぜんぜん遠い。でも毎日けっこう楽しんでいると思う。人間関係や仕事の悩みで落ち込むことはあるけれど、そんなときに励ましてくれる友達もちゃんといる。そういえば、〝普通〟に〝幸せ〟になる必要ってあるんだったっけ？　〝普通の幸せ〟の外側にあるのは不幸だけではない。失敗したり落ち込んだりするときがあっても、生きているだけでいいんじゃない？

そう思えるようになってやっと、まわりの女たちだって〝普通の幸せ〟を手に入れてめでたしめでたし、というわけでもないと理解した。最大公約数の価値観にとらわれて、たくさんのものを見逃していたのは、この私だった。

本書の元になった『ＦＲａＵ ｗｅｂ』の連載では、お金というトピックを軸にしつつ、意図せず〝普通〟をはずれたり、自分からはずれることを決めたりした女たちに二年間話を聞き続けた。彼女たちの〝沼〟の深さは人それぞれだったけれど、どの話からも、〝普通の幸せ〟の外側にある世界の懐の深さが伝わってきた。読者の方にもそれが響いたから、『沼で溺れてみたけれど』としての書籍化が実現したのだと思う。

連載開始時にはまったく予期していなかったのが、新型コロナウイルス感染症の流行だ。コロナ禍が関わるケースも連載中いくつか取り上げたが、関係なかった題材のゲストでも、書籍にまとめる上で近況を聞くと、パンデミックを経ての生活や価値観の変化が感じ取れた。世界が大きく変化し足元がおぼつかなくなっている今、ただ〝普通の幸せ〟だと思うものに従う生き方は、ますます難しくなっていると思う。そのことについても念頭に置きながら執筆した。

刊行にあたっては、たくさんの方にお世話になった。連載からお付き合いくださった編集部の石川真知子さん、書籍としてのつくりにたくさんアドバイスをくださった唐沢暁久さん、本当にありがとうございました。装丁を鈴木千佳子さんに、装画をたなかさんにお願いできたのも、ファンとして嬉しかった。そしてもちろん、取材をさせてくださったたくさんの方たち。皆さんに本を手渡しに行けないご時世なのが、本当に残念だ。

〝普通の幸せ〟が盤石でなくなるのと同時に、〝女〟についても、「女はこう」「女だから」と、ステレオタイプで一括りに語られる時代は、終わろうとしている。その流れを推し進める上でも、一人ひとりの女の物語を聞き、〝個別化〟していくことが必要だと思っている。それは、私自身の人生をワンオブゼムで片付けられたくない気持ちの延長でもある。これからも〝女〟に向き合い、文章を書き続けたい。

二〇二一年七月　ひらりさ

## 初出

本書は『FRaU web』で連載された「平成女子の『お金の話』」（二〇一九年七月一〇日～二〇二〇年九月一六日）を、単行本化にあたり加筆・修正したものです。

※本書に登場する人物名はすべて仮名であり、年齢・職業はインタビュー当時のものです。

ひらりさ

ライター・編集者。1989年、東京都生まれ。
女性、お金、消費、オタク文化などのテーマで取材・執筆をしている。
女性4人によるユニット「劇団雌猫」名義での共同編著に
『浪費図鑑―悪友たちのないしょ話』(小学館)、
『だから私はメイクする』(柏書房)などがある。

# 沼《ぬま》で溺《おぼ》れてみたけれど

2021年7月12日　第1刷発行

著者
ひらりさ

発行者／鈴木章一
発行所／株式会社講談社
〒112-8001　東京都文京区音羽2丁目12－21
電話　[編集]03-5395-3522　[販売]03-5395-4415　[業務]03-5395-3615
本文データ制作・印刷所／株式会社新藤慶昌堂
製本所／株式会社国宝社

KODANSHA

 ISBN 978-4-06-522805-0